R 20730

Paris
1793

Delisle de Sales, Jean-Baptiste Claude Izouard (ou Isoard de Lisle) dit

Histoire philosophique du monde primitif

6

R 2946.
C.15.

a conservar

2030

HISTOIRE

DU

MONDE PRIMITIF

R 20730

HISTOIRE
PHILOSOPHIQUE
DU
MONDE PRIMITIF,

PAR L'AUTEUR

DE LA

PHILOSOPHIE DE LA NATURE.

QUATRIEME ÉDITION.

Entiérement refondue et augmentée de
plusieurs Volumes.

TOME VI
━━━━━━━

A PARIS
M. DCC. XCIII.

HISTOIRE
DU MONDE PRIMITIF.

DU SYSTÊME INGENIEUX
QUI PLACE EN TARTARIE LA MÉTROPOLE DU GENRE-HUMAIN.

Un sçavant qui sçait écrire, (phénomène assés rare dans l'Europe moderne, avant Fontenelle), à force d'étudier l'histoire comparée, a cru trouver qu'il existait un Peuple Primitif, bien antérieur aux Brames de Bénarès, et que ce peuple brilla sous le Parallèle de 5o Dégrès, avant d'envoyer dans l'Inde et dans la Chaldée des colonies de Sages, qui devinrent les précepteurs du genre humain.

Il paraît par cette théorie, que la lumière des sciences et de la philosophie est descendue du Nord de l'Asie vers l'Equateur ; ce qui renverse l'opinion générale, que le Globe a commencé à être éclairé vers le Midi, et que les arts, ainsi que les hommes, se sont étendus successivement, des limites de la Zône Torride et de la Zône Tempérée vers les Pôles.

Ce système, qui semble répondre à tout, ce qui ne prouve pas cependant que ce ne soit pas un système, se trouve développé dans L'HISTOIRE DE L'ASTRONOMIE ANCIENNE ET dans les LETTRES SUR L'ORIGINE DES SCIENCES et sur l'ATLANTIDE. Pour le mettre dans tout son jour, je me contenterai d'analyser ces trois ouvrages.

On conçoit comment on peut descendre des montagnes de la Tartarie pour aller habiter les riches plaines de l'Inde : des terrasses où l'on dort si bien sous le pavillon du ciel, valent mieux que des montagnes entourées de brumes et de frimats : mais l'inverse du système n'a rien de vrai

semblable : l'hyver fait trop de peine après
l'été ; les Gaulois de l'armée de Brennus
voulaient bien changer de patrie avec les
Romains, mais les Romains n'ont jamais
songé à aller transporter la Capitale du
monde au milieu des forêts et des landes
marécageuses des Gaules : ainsi il ne ré-
pugne point à la raison que le Peuple Primitif ait quitté les Latitudes élevées, pour
vivifier de son industrie les contrées voisines de l'Equateur.

La physique dépose aussi en faveur de
l'opinion que la lumière nous est venue
du Nord de l'Asie.

Le Nitre, dont nous faisons un usage
si meurtrier, est rare dans nos climats ;
sa production y est lente et difficile : au
contraire, on le trouve en abondance dans
l'Inde, et sur-tout en Tartarie ; or, le Nitre
ne se forme que dans les habitations des
hommes et des animaux, c'est dans la nature vivante qu'il se prépare : c'est dans

les détriments des végétaux, dans les dépouilles de l'homme et de l'animal que la fermentation le mûrit et le développe. Les amas immenses de Nitre, qu'on a rencontrés de nos jours en Tartarie, seraient donc les traces d'une grande population ancienne, comme les bancs de coquillages et les mines de sel, dans l'intérieur de la terre, sont des preuves du séjour de l'Océan sur sa surface.

Il y a dans les annales de la Botanique, un fait encore plus singulier, en faveur de l'opinion nouvelle sur l'ancienne patrie des Atlantes primitifs. Le fameux Von-Linné prétend que plusieurs de nos plantes, inconnues aux anciens, et qui n'ont été cultivées en Europe que depuis l'invasion des Goths, qui les ont apportées avec leur architecture, telles que le froment, le seigle et l'orge, croissent d'elles-mêmes en Sibérie, sans qu'il soit nécessaire de les semer. Or, il semble que le pays où la nourriture de l'homme est indigène, a dû être la patrie des premiers hommes.

Au reste, l'excessive population du genre-humain vers le Nord n'a jamais été regardée comme un problème en histoire. On sçait que cette partie du Globe a toujours été considérée comme la pépinière des hommes : c'est de là que sont sortis ces essaims innombrables de guerriers qui ont attaqué l'Empire Romain, sous les successeurs de César, qui l'ont démembré, et qui ont fini par détruire les destructeurs de la terre.

Il n'y a point de grands peuples dans l'Asie qui soient indigènes : ils viennent tous de la Scythie; c'est une tradition de la plus haute antiquité, et dont on retrouve des traces, soit dans ses historiens, soit dans ses philosophes.

Les Brames eux-mêmes, qu'on regarde comme les premiers Sages de la terre, ne sont pas originaires de l'Inde : on croit en Asie qu'ils viennent du Nord ; ce sont eux qui y ont répandu ce respect pour les lieux élevés, qui semble désigner une approche plus immédiate de la divinité, respect qui a dégénéré, chez un peuple superstitieux, en culte des montagnes.

Presque tous les peuples de l'Asie ont reçu de ces Scythes leurs sciences, leurs arts et sur-tout leur astronomie: ces connaissances, partout uniformes, ne pouvaient être le produit de la communication entre les différents peuples; elles ne tenaient point si essentiellement à la nature, que les hommes isolés pussent y parvenir par le simple développement de leurs facultés. Elles naissaient donc d'une identité d'origine entre les premières Sociétés; or, la Métropole de toutes ces nombreuses Colonies est le peuple Scythe, qui habita originairement le grand Plateau de la Tartarie.

La physique et l'histoire conduisent également à faire hommage de toutes nos idées acquises à des Tartares.

On ne peut douter qu'un des climats les plus favorables à l'astronomie, ne soit celui, où le plus long jour est de seize heures, et le plus court de huit; et ce climat est celui des Tartares.

Les faits viennent ici à l'appui des raisonnements; les premières observations sur le lever des étoiles ont été faites sous ce climat de seize heures, comme on peut s'en convaincre, en lisant l'Almageste de Ptolémée.

Zoroastre décrit, dans son livre, un pays; dont le plus long jour d'été est double du jour le plus court de l'hiver. Or, ce philosophe ignorait la théorie de la Sphère, qui n'a pas même été pressentie chez les peuples connus de l'ancienne Asie, à en juger par leurs monuments. Zoroastre a donc copié d'anciens mémoires de la nation Primitive, et la Latitude des climats qu'il indique prouve que la Tartarie était la patrie de ce peuple Indigène.

La probabilité la plus frappante de ce système, vient de la fameuse découverte de la révolution des Fixes, dont tout le monde fait honneur à la physique moderne, et qui paraît remonter jusqu'à l'époque de la première civilisation des Tartares. Il y a une ancienne tradition dans l'Inde sur deux étoiles diamétralement opposées, qui font leur révolution autour de la terre en 144 périodes d'années. Or, il y a chés les Tartares une période astronomique de 180 ans qu'ils nomment VAN, et 144 VAN font précisément 25920 ans, ce qui est la véritable révolution des Fixes, déduite des observations les plus exactes de nos meilleurs astronomes.

Ce Plateau de la Tartarie, où tout conduit à placer la patrie des Atlantes, est à une Latitude de 50 Dégrés; mais cette Latitude n'indique point un climat opposé au progrés de la raison: c'est celle de Paris, de Londres et de Berlin; c'est à cette distance de l'Équateur qu'ont été faites les plus grandes découvertes qui honorent l'esprit humain.

Différentes vicissitudes du Globe ont pu rompre la chaîne qui nous aurait transmis la filiation des découvertes des Atlantes ; mais, à la place d'une histoire authentique, nous avons une tradition qui atteste du moins, que le Globe a commencé à être éclairé par le Nord. Les vérités qui accompagnent cette tradition sont dégradées par le mélange du merveilleux ; mais tout n'y est pas mensonge : on doit la respecter sans l'adopter toute entière ; elle grossit, en roulant à travers les siècles, elle se charge et s'enveloppe de fables ; mais toute enveloppe a un noyau qui lui sert d'attache, et ce noyau, c'est la vérité historique.

Parmi ces traditions, moitié historiques, moitié fabuleuses des Orientaux, il faut distinguer celle du Phénix : on sçait que cet oiseau, suivant la Mythologie Grecque, copiée d'après celle de l'Égypte, était unique dans son espèce, qu'il venait du pays des ténèbres, pour mourir en Egypte, et renaître de ses cendres dans la ville du Soleil. On retrouve le même récit dans l'Edda de la Suède; l'oiseau qu'on y représente, vit 300 jours après lesquels, suivi de tous les oiseaux de passage, il s'envole en Ethyopie, y fait son nid, et se brûle avec son œuf: ses cendres produisent un ver rouge, qui, après avoir recouvré ses ailes, reprend son vol vers le Septentrion.

Il est hors de doute que cette fable du Phénix, est l'emblème d'une Révolution Solaire, qui renait au moment qu'elle expire; mais certainement cet emblème n'est point né en Egypte : son peuple ne pouvait avoir d'idée de la mort et de la renaissance du Soleil. Cet astre est toujours vivant pour les habitants du rivage du Nil : il y conserve toujours sa force, qu'il tient de sa hauteur sur l'Horison.

C'est dans les Latitudes Septentrionales qu'il faut chercher l'origine de cette allégorie ingénieuse, et la circonstance de vivre 3oo jours suffit pour déterminer avec précision le climat qui l'a fait naître. On sçait que sous la Latitude de 71 dégrés, le Soleil est absent tous les ans 65 jours : ainsi il ne vit pour ces contrées que 3oo jours; voilà la patrie du Phénix trouvée. On doit cette fable à l'imagination des peuples du Nord, et c'est par leur canal qu'elle a été transmise en Egypte et en Orient.

Cette interprétation si simple donne la clef de la fable de Janus, qui portait dans une main le nombre de 3oo, et dans l'autre celui de 65; elle explique aussi l'histoire de Frega, une des héroïnes du Nord, qui, obligée de transiger avec son mari sur des infidélités habituelles, lui permet de s'absenter de son lit 65 jours, pourvu qu'il soit fidèle pendant 3oo au devoir conjugal. Ce dernier récit, qui est l'emblême évident du mariage de la Terre et du Soleil, est né dans le Nord, ainsi que l'histoire du Phénix et la fable de Janus.

Ces fables, dira-t-on, sont une base bien fragile pour un système historique; mais quand les probabilités qui en résultent sont unies aux faits, elles ne sont point à négliger; les fables ne sont des fables que pour le peuple : ces prétendus jouets de l'enfance, furent jadis l'ouvrage des gens de génie ; il n'y en a point d'accréditée chez les anciens, qui ne renferme quelque vérité physique ou morale; celles de Janus, de Frega et du Phénix sont, par exemple, des fables physiques ; et on peut mettre dans le rang des fables morales, Narcisse amoureux de son image, la ceinture de Vénus et le bandeau de l'Amour.

En un mot, tout indique sur la terre la marche de l'homme du Pôle à l'Equateur, tout fait présumer que le pays originaire où il habitait était sous le Parallèle de 50 dégrés, c'est-à-dire, vers la contrée de la Tartarie, où les géographes placent Selinginskoi.

On objecte que les Tartares ne sont connus dans notre histoire que comme des tigres du Nord, qui ont dévasté le Midi de l'Asie ; et assurément dans ce temps-là ils n'avaient ni Quarts de Cercles, ni Astrolabes ; mais le peuple, instituteur du genre-humain, existait trois ou quatre mille ans avant ces Barbares. Il ne faut pas plus nier l'existence de ce Peuple Primitif, parce que nous voyons des hordes ambulantes à la place des villes qu'ils ont habitées, que celle des Sophocle et des Démosthènes, parceque leur postérité, esclave des Bachas Ottomans, n'a plus ni théâtre, ni tribune aux harangues.

Telle est l'exposition fidelle du système le plus ingénieux, mais en même temps le plus faux ; que la philosophie moderne ait imaginé sur le peuple instituteur du genre-humain. Comme je n'ai jamais adulé ni flétri les gens de lettres, fidelle à mes principes, je vais chercher la vérité, sans témoigner un enthousiasme exagéré pour ceux qui l'ont rencontrée avant moi, et sans offenser les Sages que l'amour du paradoxe a engagé à la chercher où elle n'était pas.

Il y a dans le système que je viens d'exposer divers points de vue qu'il ne faut pas confondre. L'un est l'existence d'un Peuple Primitif, qui a instruit les grandes nations de l'Asie et par elles le genre-humain. Le système vu sous cette face est à l'abri des atteintes du Pyrhonisme; il est certain que les monumens et les livres de ces nations ofirent plutôt les débris de la science que ses élémens; ce qui démontre qu'il y a un peuple inventeur, très-distingué des peuples dépositaires.

J'ajouterai même à cette idée une preuve nouvelle, que l'auteur de l'histoire de l'astronomie a oublié de faire valoir. On ne rencontre dans les anciennes annales de l'Egypte et de l'Orient, que des connaissances éparses et mutilées, sans le moindre vestige du fil qui les lie entre elles : or, c'est le fil encyclopédique qui caractérise un peuple inventeur ; on l'apperçoit dans Aristote, dans Pline et dans Bacon ; ce fil qui empêche l'homme de s'égarer dans le labyrinthe des sciences, empêchera aussi que, dans les générations les plus reculées, on ne regarde comme de simples dépositaires des connaissances humaines, les nations qui ont été éclairées par les siècles de Périclès, d'Auguste et de Louis XIV, je ne parle pas ici du siècle des Médicis, parce qu'il n'a guère existé que pour la peinture.

Quant à la partie du système, qui fait des hommes Primitifs les ancêtres des Tartares qui habitent la hauteur de Selinginskoi, elle est beaucoup plus conjecturale : c'est ici surtout qu'il faut admettre le doute méthodique de Descartes, peser les analogies, discuter les autorités, et écarter le prestige de l'éloquence qui nous séduit, pour chercher des raisons, qui seules, en histoire, ont le droit de nous subjuguer.

Les Tartares du Tibet n'ont rien qui caractérise un peuple Indigène; ils pourraient bien n'avoir pas communiqué le dépôt des sciences aux Indiens, mais le tenir d'eux; si toutefois on peut citer dans les annales du monde connu un siècle de lumières parmi les Tartares.

Quand on a dit dans l'Inde à un de nos astronomes, que les Brames venaient du Nord, n'a-t-on pas entendu parler du Nord de cette partie de l'Inde, et non de la Latitude de Selinginskoi?

Les vestiges de la civilisation d'un ancien peuple perdu qu'on retrouve en Tartarie, ne démontrent pas, quoi qu'en dise l'auteur du système, que les Tartares de Selinginskoi soient la postérité des instituteurs des hommes :

mes : il suffit d'ouvrir l'histoire de la Chine, pour voir, qu'à différentes époques ce dernier peuple y a construit des villes, qui ont été successivement détruites ; les Tartares toujours inquiets, toujours conquérans, n'ont jamais eu de patrie permanente ; s'ils marchent sur des ruines, c'est sur celles qu'ils ont faites, et non sur les débris d'une Babylone qu'ils ayent héritée du Peuple Primitif.

Ces grandes connaissances astronomiques qu'on attribue ici aux Tartares, ne sont encore rien moins que démontrées. Par exemple, de ce qu'il y a dans un coin de l'Inde une Période de 144 ans, et dans un coin du Tibet, une autre de 180 ans, il y a un peu de hardiesse à conclure, que ces deux Périodes ont été réunies par les ancêtres des Tartares, pour en former la fameuse Précession des Équinoxes.

En général, cette hauteur de Sélinginskoï où l'on place les anciens Scythes, paraît avoir été peu célèbre, du moins depuis l'époque assez récente de l'histoire écrite, par la culture des arts et de la raison.

Les Grecs ne croyaient ce pays habité que par des Sauvages ou des peuples dévastateurs; ils y mettaient aussi une race de Cyclopes, nommés Arimaspes, toujours en guerre avec les Griffons.

Depuis qu'on ne croit plus à un peuple de Polyphèmes, et à leurs ennemis les Griffons, les Tartares, soit Usbeks, soit Kalmouks, soit Mantchoux, ne sont pas devenus plus éclairés; ils ont conservé, presque tous, leurs cabanes mobiles, leur nourriture de chair de cheval, et le culte des Sachets du grand Lama.

Ils n'ont eu qu'un moment brillant dans l'histoire, c'est lorsque Gengiskan vint au treizième siècle, à la tête de 700 mille hommes, envahir une partie de l'Asie. Il arriva alors aux Tartares ce qui était arrivé aux Romains : les peuples conquis éclairèrent le peuple conquérant, et on vit naître à Samarcande une Académie.

C'est à cette époque du règne de Gengiskan, qu'on pourrait rapporter cette foule de tombeaux et de pyramides, que les Russes ont découverts au commencement de ce siècle, dans les déserts qui séparent la Sibérie de la Grande Tartarie. Il est vrai qu'à cent lieues aux environs, on ne trouve aucune carrière, d'où on ait pu tirer la matière de ces monumens; mais il est tout simple de croire que les architectes de Gengiskan y ont transporté des pierres toutes taillées, par le fleuve de Jenisei; et il semble inutile de franchir l'intervalle de 100 siècles, pour en faire honneur au Peuple Primitif.

En 1714, on trouva dans un désert, des Kalmouks, entre les rivières de Sirr et d'Irtisch, une ville sans habitans, d'environ demi-lieue de tour, qui était bâtie de briques cuites au soleil, et de pierres de taille.

En 1721, on fit d'autres découvertes de ce genre, du côté de la mer Caspienne : c'étaient des débris d'édifices magnifiques, que les enthousiastes comparaient aux ruines d'Héliopolis et de Palmyre ; mais les manuscrits qu'on tira de ces deux villes, et qui étaient presque tous sur du papier de soie et tracés avec l'encre de la Chine, dénotent clairement leur origine ; le Czar Pierre le Grand envoya quelques feuilles de ces manuscrits aux sçavans de l'Europe les plus versés dans les langues Orientales, et ils reconnurent le caractère et la langue du moderne Tibet, ce qui détruit un peu les sçavantes conjectures du philosophe, qui prend les ancêtres des Tartares pour le Peuple Primitif.

L'auteur du système que j'expose en jetta les fondemens vers 1775, époque de la publication de l'Histoire de l'Astronomie ; mais dès 1770, un autre sçavant de Strasbourg l'avait prévenu. Quand on lit avec attention les deux chapitres sur le grand Lama, et sur les vicissitudes du Globe, qui sont dans le livre, plein de génie et de paradoxes, des Recherches philosophiques sur les Américains, on retrouve le germe de tout ce qui s'est dit de plus spécieux sur l'établissement du Peuple Primitif, à la hauteur de Selinginskoi.

Il s'agit maintenant d'examiner si l'autorité des Recherches philosophiques pourrait convaincre l'homme droit et sans préjugé, qui n'aurait été qu'ébranlé par l'Histoire de l'Astronomie.

Le sçavant Alsacien a fait ses preuves de l'érudition la plus vaste, et souvent la mieux digérée : mais entraîné par le torrent de son imagination, il ne voit d'ordinaire dans les auteurs qu'il consulte, que les faits qui favorisent son opinion, et non ceux qui la contredisent : ainsi il compose, pour ainsi dire, les livres qu'il cite ; et cette foule d'autorités anciennes et modernes, dont il entoure ses systèmes, ne sont jamais que sa seule autorité.

L'histoire primitive des Tartares, stérile en faits, et féconde en fables mythologiques, n'a guère plus de poids que l'histoire des Sevarambes.

On peut juger de l'incertitude de ces annales Tibétanes, par la manière dont le moine Georgi remplit l'intervalle de 1193 ans, qu'il dit s'être écoulés entre le Roi Thritzenge et le commencement de notre Ere vulgaire. Il n'y place que vingt-quatre Souverains, ce qui fait tous les règnes d'environ un demi siècle : calcul impossible aux yeux de tout homme éclairé, qui sçait que le monde se renouvelle à peu près au bout de vingt-cinq ans, et qu'en général on vieillit bien moins sur le trône que dans la poussière.

Les Tartares qui sont les Scythes de l'Asie, ainsi que les Alains, les Vandales et les Herules, qui sont les Scythes de l'Europe, ne paraissent avoir existé sur ce Globe que par leurs brigandages. Les premiers ont dévasté notre Continent, depuis l'extrémité de la Chine jusqu'à la Sibérie : les autres ont inondé l'Europe, et renversé sur lui-même ce colosse de Rome, qui, après avoir long-tems pressé le Globe, se trouvait réduit à disputer aux Papes, une vaine Souveraineté dans les murs du Capitole.

Il me semble qu'un peuple né dévastateur ne sçaurait être le Peuple Primitif; l'aîné de la grande famille des hommes a dû vivre tranquille au milieu des domaines qu'il tenait de la nature; et il ne convenait qu'à ses cadets de lui disputer, à main armée, son vaste héritage.

Ce peuple dévastateur n'a pu cultiver les arts, enfans du loisir et de la paix; car s'il les avait cultivés, il aurait cessé d'être dévastateur.

On cite les académies de Balk et de Samarcande : mais la dernière, formée d'Arabes, encore plus que de Tartares, n'a produit que des poëtes et des médecins : l'autre bornée à de vaines spéculations sur l'influence des astres, n'a jamais servi qu'à peupler les Cours de l'Orient de magiciens et d'astrologues.

Voici, à mon gré, la plus forte preuve morale, qu'on puisse donner contre l'opinion, qui donne l'indigénéité par excellence aux ancêtres des Tartares.

Tous les voyageurs philosophes qui ont parcouru cette vaste contrée, de douze cents lieues de long sur près de huit cents de large, qu'habitent les différentes races des Tartares, avouent que rien n'égale leur difformité : or, j'ai peine à comprendre comment ces êtres si laids et si faiblement organisés, ont pu être originairement la tige du genre-humain.

Si l'on dit que les Tartares actuels sont une race dégénérée, je demanderai encore comment l'homme a subi une si étrange dégénération, dans ces climats fortunés, qu'on nous représente comme le berceau du monde.

Le système qui fait des Brames la postérité du Peuple Primitif serait, mais à cet égard seul, bien plus favorable à la physique et à la raison. Il n'y a rien de si beau que le sang des Indiens, sur-tout dans les contrées qui avoisinent la Perse; presque tous serviraient de modèles aux Praxitèle de l'Europe et à ses Michel-Ange. Les femmes y ont les contours admirables de la Vénus de Médicis, et les hommes les proportions de l'Apollon du Belvedere ou de l'Antinoüs.

Si après ces considérations générales, on voulait suivre la critique du système que j'analyse, dans tous ses détails, on verrait aisément que cette pyramide qui se perd dans les nuages, n'a qu'une base d'argile.

Le Nitre, dit-on, ne se forme que dans

les habitations des hommes et des animaux : c'est dans la nature vivante qu'il se prépare : ainsi les amas qu'on en trouve en Tartarie sont les preuves de son ancienne population. Mais le Nitre se rencontre en plus grande abondance encore au Nouveau-Monde qu'à la hauteur de Selinginskoi : or, ce Nouveau-Monde est habité par des peuples tous neufs, et porte les marques les plus sensibles d'un Continent récemment sorti du sein des eaux. Ce Nitre de l'Amérique n'a servi jusqu'ici au physicien qu'à expliquer le froid de ces climats, et à indiquer pourquoi il faisait aussi chaud l'été, dans notre Hémisphère, au centre de la Zone tempérée, que dans l'autre partie du Globe, à un degré de l'Équateur.

Ce bled, qui croît naturellement en Sibérie, comme si ce malheureux climat était une seconde Sicile, pourrait bien ne se trouver que dans le livre de Von Linné : mais en supposant la vérité du fait, on ne peut rien en conclure en faveur de l'antiquité de cette partie du Globe. L'aliment que fournit ce végétal, n'est point la nourriture naturelle de l'homme : le pain est encore inconnu sur la moitié du Globe, et on ne s'y porte que mieux.

Il y a des causes très-indépendantes du climat, qui contribuent à augmenter la population. La Chine, qui est à l'Orient de l'Asie, pourrait, par exemple, disputer à la Scythie, qui est reculée vers le Nord de notre Continent, le titre de Pépinière du genre humain.

Au reste, tous ces faits que je discute, sont liés à l'opinion que la philosophie est descendue du Nord vers l'Équateur, opinion que je vais soumettre à l'examen, et qui paraîtra peut-être meilleure à faire valoir, quand on ne veut que se faire lire, que quand on veut avoir raison.

D'ailleurs, je dois à l'exacte impartialité qui caractérise mes ouvrages, d'avouer que dans le système, tout défectueux qu'il est, qui place un peuple instituteur du monde à la hauteur de Selinginskoi, il y a un côté lumineux qui éclaire tout le devant de ma théorie.

La plupart des recherches qu'on fait, soit dans les livres des hommes, soit dans le grand livre de la nature, conduisent à placer, non le Peuple Primitif, mais une troisième colonie de la Métropole du genre humain, sur le Plateau de la Tartarie. Mes recherches particulières m'avaient mené moi-même indirectement à cette opinion, bien long-tems avant que les Paw et les Bailly rêvassent si ingénieusement sur les Atlantes. Voici ce que j'imprimais dans Paris au commencement de 1769, c'est-à-dire, deux ans avant la publication des Recherches philosophiques sur les Américains, et six ans avant celle de l'Histoire de l'Astronomie

» Les philosophes conviennent que les

» nations primordiales habitèrent le voi-
» sinage du Songari, patrie originelle des
» Chinois et des Tartares : les montagnes
» du Tibet et de Cachemire, d'où les In-
» diens sont venus, et sur-tout les hauteurs
» du Taurus et du Caucase, d'où les Chal-
» déens et les Hébreux tirent leur origine. »

Assurément, voilà un pas de géant que je faisais en 1769, vers le Peuple Primitif de Selinginskoi, trouvé en 1775. Si donc je rassemble aujourd'hui toutes les preuves physiques et morales, qui tendraient à faire regarder mon opinion, prise trop générale-ment, comme un paradoxe : c'est qu'en qualité d'historien, je dois, dans les ques-tions problématiques, exposer le pour et le contre, et mettre mes lecteurs à portée de juger, par leur propre esprit, et non par le mien.

Avant d'établir mes preuves, je dois in-diquer en général jusqu'à quel point on pourrait admettre le système que je viens d'exposer, et jusqu'à quel point on pourrait le rejetter ?

« Il est infiniment vraisemblable qu'il y a eu une colonie d'Atlantes sur le grand Plateau de la Tartarie, vers la hauteur de Selinginskoi.

« Ces Atlantes sont la tige de plusieurs nations de l'Asie et de l'Europe ; mais il ne faut point les regarder comme les ancêtres des Tartares. Ce dernier peuple, toujours difforme, toujours errant, toujours destructeur, ne sauroit être la postérité des instituteurs des hommes ; il habite, il est vrai, le pays d'une des nations primitives, mais comme les Turcs, Athènes et Lacédémone ; c'est-à-dire, sans être les héritiers légitimes des Lycurgue et des Miltiade.

« Enfin ces Atlantes de la Tartarie ne sont point Autochtones ; c'est, comme je l'ai déjà indiqué, une colonie d'autres Atlantes, qui habitaient originairement des contrées plus favorables à la propagation de l'espèce humaine. Cette patrie primordiale des hommes, ainsi que la division de leurs colonies, n'a encore été indiquée par personne. En général, les Rudbek, les Baër, les Bailli même, n'ont point vû assez en grand la tige de la grande famille de l'univers : ils n'ont pas plus fait l'histoire des Atlantes en commentant l'Atlantide de Platon, que Salluste n'a fait l'histoire du peuple Romain, en écrivant la guerre Jugurthine et la conjuration de Catilina.

Il y a un vice évidemment radical dans le système des apôtres du Nord ; c'est qu'ils ont eu la témérité de ranger parmi les grandes vérités de la nature, l'opinion si paradoxale : que le Globe, originairement embrasé, s'est d'abord refroidi vers les extrémités de son axe, et que le Pôle est devenu ainsi la patrie primitive du genre humain.

Ces apôtres du Nord ne se dissimulaient cependant pas, combien il leur serait difficile d'amener le vulgaire des hommes à voir l'été dans l'image de l'hyver. On ne se persuade pas aisément que l'âge d'or a existé sous ce Pôle, entouré de montagnes de glaces, qui en défendent l'entrée aux navigateurs, et qui, par leur consistence, semblent indiquer qu'elles touchent aux limites de l'éternité.

Mais peu effrayés des suites de leur théorie, ils dirent que les glaces du monde, comme celles de l'homme, ne sont que les traces de sa vieillesse ; ils ajoutèrent que la nature ne crée point originairement la glace, et que puisque la chaleur interne de la terre, ne s'exhalait point aujourd'hui sous le Pôle, il fallait qu'elle s'y fut exhalée un jour. Ils conclurent donc enfin que, puisque le Nord était vieux, il avait nourri les hommes primitifs, à l'époque de son enfance et de sa maturité.

Cette apologie du Pôle, fondée originairement sur la rêverie du feu central, et sur l'organisation imaginaire du Globe, par le choc de la Comète de Buffon, se trouvant revêtue des graces d'un style enchanteur, fit fortune quelque tems parmi les hommes, qui ne croyent à la philosophie, que quand ce sont des poëtes qui en portent la livrée.

Platon, je le sais, ne chassa point de sa République les poëtes-philosophes ; il l'était lui-même ; et en effet, l'ordre social n'est point blessé, parce qu'un disciple de Socrate traite les hommes comme des enfans, et amuse leur imagination par de rians tableaux, avant de nourrir leur raison par d'austères vérités.

Et si ce sublime visionnaire n'avait fait aucune distinction entre les auteurs des fables poëtiques, et ceux des fables philosophiques, et qu il les eût tous bannis indistinctement de la société d'Optimistes, dont il se faisait législateur, je lui demanderais encore grace pour le sçavant historien de l'Astronomie, qui s'est chargé de commenter son histoire mutilée de l'Atlantide. Il plaide avec tant d'esprit la cause de ses philosophes du Nord ! Ses lecteurs, assoupis par le breuvage magique dont il les a énivrés, font des rêves si voluptueux, qu'il y a peut-être de la dureté à les réveiller!

N'importe : il faut avoir le courage de dire que le système qui place vers le Pôle le Peuple Primitif, est évidemment opposé à la physique et à la raison. Ce système, dans les ouvrages de notre apôtre du Nord, paraît au premier coup-d'œil très-bien lié dans toutes ses parties ; mais c'est un édifice aërien, que le soufle d'Armide a élevé, et que le soufle du philosophe va détruire.

Tout ce système porte, comme je l'ai déjà dit, sur le réfroidissement successif du Globe; mais il faut voir ce principe en grand, pour pouvoir en apprécier les résultats.

S il est vrai que notre Globe, projetté de

la masse du Soleil par le choc d'une Comète, ait joui d'une chaleur convenable, à la nature vivante, depuis un peu plus de 40000 ans, c'est à cette époque qu'il faut placer le peuple instituteur du genre-humain; et comment pourrait-on écrire l'histoire d'un tel peuple, quand on a besoin d'une communication immédiate avec la Divinité, pour suivre le fil des annales humaines au-delà de cinquante siècles ?

Le premier résultat de cette grande idée du réfroidissement du Globe est, que son Pôle, consolidé le premier, a dû se prêter d'abord à l'organisation des êtres : ainsi ce n'est plus en Sibérie, ni même au Groënland, mais au Pôle même qu'il faut établir le Peuple Primitif.

Or, comment un philosophe, quelque système qu'il adopte, a-t-il pu imaginer que le Pôle a été un jour le berceau du genre-humain ?

Tout le monde sçait que par la nature

du double mouvement de la Terre, soit autour de son axe, soit autour du Soleil, il règne constamment au Pôle un jour et une nuit de six mois; ce fait astronomique anéantit évidemment la nouvelle Atlantide, et ce n'est pas ma faute, si le ciel refuse de faire du Pôle la patrie des premiers hommes.

Il semble d'abord vraisemblable que l'homme Primitif aurait été organisé la nuit. La température de cette Zône Torride du Pôle était alors plus douce ; et l'homme naissant ne courait pas le risque de périr entre le feu central du Globe qui s'exhalait sous ses pieds, et le feu du Soleil qui embrasait sa tête.

Mais si cet homme indigène a été organisé à l'entrée de la nuit, comment a t-il pu exister six mois au milieu de ces ténèbres, qui, à cause des vapeurs continuelles, produites par le sol embrasé, devaient n'être interrompues, ni par la Lune, ni par le spectacle effrayant des Aurores Boréales ? S'il est né à la fin de la nuit, son corps peu préparé, a dû périr au passage des ténèbres à la lumière.

L'apôtre du Nord ne serait pas plus avancé, en créant ses patriarches du genre-humain, pendant le long jour du Pôle : il est évident que l'homme de la nature, qui jouit six mois de l'aspect du Soleil, ne s'attend pas à le perdre ; il ne fait aucunes provisions pour soutenir son existence, dans la sombre prison où il va entrer, et il mourra de faim et d'effroi, à l'entrée de cette nuit silentieuse, qu'il doit regarder comme le tombeau de la nature.

Toutes ces raisons de destruction ne subsistent pas dans les climats qui, comme celui de Sélinginskoi et le nôtre, ont des périodes alternatives de nuits et de jours, dont la plus longue n'est jamais que de 16 heures. L'Atlante de Sélinginskoi qui voit la première nuit, a le tems sans doute, de s'effrayer, mais il n'en a pas assez pour mourir.

L'auteur des LETTRES SUR L'ATLANTIDE, effrayé des conséquences de son systéme, n'a pas osé mettre son Peuple Primitif sous le Pôle ; mais il le place vers le Spirtzberg, et le Groënland. Or, ces contrées du Nord, étant vers le 79e. degré de Latitude, il se trouve que le Soleil ne les éclaire point pendant quatre mois; ce qui expose les hommes primitifs à-peu-près aux mêmes causes de destruction, que s'ils habitaient sous le Pôle.

Il ne suffit pas, pour fixer la patrie des pères des hommes au-delà du Cercle Polaire, de dire avec ce sçavant, que leur séjour dans ces contrées a pu faire naître l'année de quatre mois, dont il est souvent parlé dans l'histoire de l'antiquité. Il fallait d'abord examiner si ces années d'un jour ou d'une nuit de quatre mois, étaient favorables à la conservation de l'espèce humaine, et à sa propagation : car il nous importe bien plus d'exister comme individus et comme tiges d'individus, que de mesurer le tems pour fournir des Cycles aux astronomes.

Si, des hauteurs de la philosophie, on descend aux champs unis de l'histoire, on trouve encore moins de preuves du paradoxe brillant : que c'est dans les glaces du Pôle qu'il faut chercher la Métropole du genre humain.

Il n'y a rien dans le récit de Platon sur l'Atlantide, qui indique même vaguement le séjour des premiers hommes près du Pôle; Diodore de Sicile, qui a écrit l'histoire des Atlantes, garde aussi sur ce sujet le plus profond silence ; cependant il était essentiel, pour donner une base à la théorie paradoxale sur le Nord, d'en chercher des garans dans l'antiquité ; et voici la route qu'on a prise afin d'y parvenir.

Homère parle d'une Isle d'Ogygie, célèbre par les amours d'Ulysse et de Calypso. Le judicieux Danville, qui n'avait point de roman philosophique à composer, place cette Isle tout simplement où elle est, c'est-à-dire, à l'entrée du Golfe de Tarente; mais notre sçavant, qui avait un grand intérêt à faire d'Homère un apôtre du Nord, dérange toute cette géographie, et met l'Isle de Calypso au-delà du Cercle Polaire, entre le Groënland et la Nouvelle Zemble.

On pourrait objecter à ce sçavant que la route du vaisseau d'Ulysse, en sortant de chez Calypso, est trop bien tracée dans l'Odyssée, pour qu'on puisse se permettre, en la décrivant de nouveau, de frivoles conjectures; que la navigation avait fait trop peu de progrès en Grèce, après la guerre de Troye, pour qu'Ulysse osât tenter un voyage qui ferait trembler nos Magellan et nos Anson; que le Groënland, à cette époque, loin d'être l'asyle fortuné des amours, comme le dit Homere de son Ogygie, devait, dans son hyver éternel, n'être habité que par des rennes et des ours blancs; mais je ne m'appesantirai point sur ces objections. L'Isle de Calypso était, comme personne ne l'ignore, le séjour des enchantemens, et les merveilles devaient naître, soit sous la baguette de la nymphe, soit sous la plume du philosophe, qui en fait le séjour des Atlantes primitifs.

Mon secret m'est échappé : la fable de mon poëme marche plutôt que je ne veux à son dénouement; et il ne m'est pas possible de cacher à mes lecteurs, que l'Isle de Calypso, dans le système erroné que j'analyse, est l'Atlantide de Platon.

Mais quel rapport y a-t-il entre l'Ogygie et l'Atlantide ? Le voici. Diodore de Sicile fait des Titans une race d'Atlantes; un de ces Titans était Gygès, fameux géant, à cent mains et à cinquante têtes. Or, Oya, dans les langues du Nord, signifie Isle : ainsi Ogygie est l'Isle de Gygès; et la submersion de l'Atlantide, décrite par Platon, est évidemment le fameux déluge d'Ogygès.

Maintenant que la Carte de cette Atlantide imaginaire est projettée, il s'agit de conduire le vaisseau qui doit la découvrir, entre le Groënland et le Spirtzberg.

Le seul pilote de l'antiquité qui se présente à cet effet, est le bon Plutarque. Examinons un moment le Journal de sa navigation.

Parmi cette foule de rêves physiques, politiques et moraux, qu'on nous a conservés sous le nom d'Œuvres Morales de Plutarque, il y a un traité infiniment singulier, qui a pour titre : DE L'ASPECT QUE PRÉSENTE L'ORBE DE LA LUNE. Ce traité n'a point de commencement, et le texte s'y trouve mutilé en plusieurs endroits. C'est un entretien Socratique entre des philosophes qui se promènent ; on y examine gravement si la matière de la Lune est de l'air congelé, si ses Taches viennent de la réflexion de l'Océan sur son disque, et si les Éthyopiens qui sont au-dessous de cette Planète, ne doivent pas craindre quelque jour sa chûte sur leurs têtes.

Tous les préjugés de la vieille physique sont renouvellés dans cet étrange dialogue. On sourit dédaigneusement sur ceux qui font de la terre un Globe ; on démontre qu'il ne peut y avoir d'antipodes, PARCE QU'ALORS LES HOMMES SERAIENT OBLIGÉS DE S'ACCROCHER A LA SURFACE INFÉRIEURE DU GLOBE, COMME LES CHATS A LA VOÛTE D'UN ÉDIFICE.

Quand les philosophes sont las de rêver en se promenant, ils rêvent assis : Théon, un des principaux interlocuteurs, agite la question si la Lune est habitée : l'un veut que cette Planète soit vierge, l'autre lui fait produire des êtres intelligens : le dernier conte, pour prouver son opinion, qu'un lion tomba un jour de cet astre dans le Péloponèse : il ajoute que le peuple de la Lune ne doit pas boire, parce qu'il n'y pleut jamais; et il le compare à ce peuple de l'Inde qui n'a point de bouche, et qui ne vit que des parfums qu'il respire. Cet opuscule est tout entier dans le même goût; on croit voyager avec Astolphe dans la Lune; mais il s'en faut bien que les héros de Plutarque soient aussi gais et aussi ingénieux que ceux de l'Arioste.

C'est à la fin de ce voyage philosophique de Plutarque dans la Lune, qu'on trouve la fable d'Ogygie : » Cette Isle, dit le sage
» de Cheronée, est éloignée de l'Angleterre
» de cinq journées, en naviguant vers le
» Couchant; il y en a aussi trois autres qui
» sont à une égale distance, soit entr'elles,
» soit de l'Angleterre : on y aborde en tirant
» vers le Couchant d'été. C'est dans l'une de
» ces Isles que les Barbares du pays feignent que Saturne fut détenu prisonnier
» par Jupiter . . . . La grande
» terre-ferme dont l'Océan se trouve de-

» toutes parts renfermé, est éloignée de ces
» Isles d'environ cinq mille stades, à y
» aller avec des vaisseaux à rames. Cette
» mer est par-tout d'une navigation difficile,
» à cause des bas-fonds et des bancs de
» sable qu'y amoncelent les rivières : on
» prétend qu'autrefois elle était glacée :
» les côtes du Continent sont habitées,
» sur-tout autour d'une vaste Baie, égale
» en étendue aux Palus Méotides, et dont
» l'embouchure se trouve vis-à-vis de la
» mer Caspienne. »

Le reste de ce récit est un tissu de fables Orientales : on introduit à la fin un Sage qui, après avoir fait le voyage d'Ogygie, recommande à tout le monde un grand respect pour la Lune. Il annonce que l'ensemble de l'homme est formé de trois substances : d'un corps qu'il tient de la Terre, d'une ame qu'il a reçue de la Lune, et d'une raison qui émane du Soleil : après la dissolution de la machine, chaque partie se résont en ses élémens, et retourne à la Planète dont elle faisait partie. Tels étaient les dogmes qu'on enseignait à Ogygie, et le Sage a soin de citer ses garans; ce sont les diables qui servaient Saturne.

On ne revient pas de son étonnement, quand on voit qu'un homme très-éclairé du dix-huitième siècle, a pu bâtir sur une pareille base son système sur l'Atlantide. — Mais j'oubliais que je ne dois être ici qu'historien.

La géographie de Plutarque sert merveilleusement au philosophe du Nord, pour placer son Peuple Primitif au-delà du Cercle Polaire. Cet Océan, enveloppé de tout côté de la terre-ferme, est la mer Glaciale qui se trouve enfermée presque circulairement par les Continens de l'Asie, de l'Europe et de l'Amérique: les quatre Isles peuvent être l'Islande, le Groënland, le Spirtzberg et la Nouvelle Zemble; la Baie qui a l'étendue des Palus Méotides, est évidemment le Golfe où l'Oby vient se précipiter, et qui entre dans le Continent, précisément au dessus de l'extrémité supérieure de la mer Caspienne.

D'abord le récit de Plutarque, loin de garantir une opinion, a besoin lui-même des plus fortes autorités pour le garantir; son traité sur la Lune ne peut pas plus être cité en philosophie que le poëme de Roland, où le livre de Cyrano de Bergerac.

Il est bien prouvé que les anciens n'ont jamais pénétré au-delà du Cercle Polaire. En supposant que l'Islande représente leur Thulé, cette Isle était pour eux la dernière contrée du Globe; et Pytheas qui en a parlé le premier, la désigne comme une région QUI N'EST NI AIR, NI TERRE, NI EAU, MAIS UN MÉLANGE DE CES TROIS ÉLÉMENS, ce qui prouve bien que jusques-là personne n'avait été la reconnaître.

Plutarque dit que son Ogygie est éloignée de l'Angleterre de cinq journées en naviguant vers le Couchant : or, cette position indique une terre qui serait vis-à-vis des Isles Hébrides, à plus de 3oo lieues de l'Islande, et à plus de mille de la Nouvelle Zemble.

L'historien d'Ogygie ajoute qu'il y a dans la même mer trois autres Isles qui sont à une égale distance, soit entr'elles, soit de l'Angleterre : assurément ces Isles ne peuvent être le Groënland, le Spirtzberg et la Nouvelle Zemble : il s'en faut de plusieurs centaines de lieues, que les calculs de Plutarque, à cet égard, se trouvent vérifiés par nos géographes.

Comment l'Angleterre, étant si voisine de la prétendue Atlantide, n'y a t-on trouvé aucune trace de son commerce avec elle ? Comment n'existe-t-il pas le plus léger vestige de tradition sur les Atlantes, dans cette partie de la Grande Bretagne, qui possède tant d'anciens monumens : dans ces montagnes d'Ecosse et d'Irlande, où depuis tant

de

de siècles on chante les poëmes de Fingal et d'Oscian?

Ajoutons que les navigateurs qui ont été dans ces parages à la pêche de la baleine, n'y ont point trouvé cette foule de bas-fonds et de bancs de sable, dont Plutarque dit que toute cette mer est hérissée; l'Océan, à quelque distance des côtes, leur a pres-que toujours paru libre, et on croit assez généralement que sans les Brumes et les montagnes de glace, nous pourrions péné-trer librement jusqu'au Pôle.

Le mot de Plutarque, ON PRÉTEND QU'AU-TREFOIS ELLE ÉTAIT GLACÉE, n'est pas fa-vorable à l'opinion qui met l'Atlantide au-delà du Cercle Polaire : il prouve que le Pôle était primitivement plus froid encore qu'au temps où écrivait ce philosophe; le savant qui a fait des recherches sur l'Ogygie de Plutarque, effrayé des conséquences de ce texte, a mieux aimé l'omettre que d'y répondre.

Plutarque ne dit point que son Ogygie ait été engloutie : ce qui démontre que cette Isle n'est point l'Atlantide de Platon ; en effet, la mémoire d'une telle catastrophe devait avoir laissé une trace profonde dans la mémoire des hommes ; et il est aussi impossible de peindre les Atlantes, sans dire un mot de leur effrayante destruction, que d'écrire la vie de Noë, sans parler du Déluge, ou celle de Priam, sans s'occuper de la prise de Troye.

Plutarque, sur-tout, dont la tête avait blanchi sur l'étude des philosophes de la Grèce, qui redonne la vie à leurs systêmes oubliés, qui cite leurs moindres apophtegmes, n'aurait pas manqué de nommer Platon, s'il avait retrouvé son Atlantide perdue. Ce silence seul, aux yeux des gens de lettres, qui vivent avec les anciens, est plus fort pour bannir les Atlantes, du sein d'Ogygie, que tous les argumens de nos philosophes pour les y introduire.

Laissons donc, dans Ogygie, Saturne enchaîné avec les Diables qui le servent, et cherchons ailleurs le Peuple Primitif, qui, par lui-même, ou par ses Colonies, a éclairé l'univers.

Enfin les Brumes qui me cachaient la terre-ferme où je veux aborder, se dissipent : je ne perdrai plus, à me précautionner contre ces Brumes, un tems précieux, que je pourrais employer à tracer, avec une sorte de précision, la Carte du pays inconnu que je découvre, et je vais entrer, à pleins voiles, au port de la Métropole du Monde Primitif.

Je tenterai d'abord de fixer les bornes de cet Empire du peuple primordial, qui, parti du mont Caucase, s'est étendu d'un côté jusqu'à la Chine, et de l'autre jusqu'au détroit de Gibraltar.

Cet essai, fruit de plusieurs années de travail, mérite, du moins par l'importance du sujet d'être lu avec quelqu'attention par d'autres personnes que par des géographes.

Il me semble qu'il répand le plus grand jour sur l'origine des peuples qui vont paraître tour à tour dans cette histoire ; il sert à classer les idées dans la tête des personnes, qui veulent converser avec fruit avec les grands hommes de tous les âges; et quand je n'aurais réussi qu'à créer une méthode, on pourrait me savoir gré, d'avoir donné un fil d'Ariane, pour empêcher de s'égarer dans le labyrinthe du Monde Primitif où nous allons entrer.

Les auteurs des autres histoires universelles, avec plus de génie que moi, n'ont pas été aussi heureux ; ils n'ont point fait d'arbre généalogique pour les peuples, comme Bacon en a imaginé un pour les sciences: alors l'esprit humain, égaré dans un cahos immense, et ne trouvant point à fixer ses idées fugitives, s'est dégoûté d'abord des historiens, et ensuite de l'histoire.

C'est pour prévenir ce dégoût qui anéantirait le fruit de nos travaux, que franchissant les limites que nous nous sommes prescrites, nous avons consacré plusieurs volumes à cette Histoire du Monde Primitif, qui, si elle était réduite à ses résultats, ne tiendrait que trente pages. Ces discussions philosophiques paroissent longues à l'entrée de la carrière où nous avons osé entrer. Quand cette carrière sera parcourue, elles paraîtront peut-être trop courtes : au reste l'homme de goût ne se pressera pas à juger cette partie de notre ouvrage ; il attendra que l'édifice soit achevé, pour décider si nous avons manqué le péristile.

DU PEUPLE PRIMITIF DU CAUCASE.

Le Peuple Primitif du Caucase n'a pas l avantage, comme le prétendu Peuple Primitif de Moyse, de remonter par des filiations non interrompues, jusqu'à l'époque où la crédulité religieuse fait vivifier l'argile humain, par le bras qui lança les Mondes dans l'espace. Les titres de nos Autochtones sont épars dans toutes les grandes familles de nos trois Continens, et il faut interroger l'univers pour avoir leur généalogie.

Il est très-aisé, sans doute, de suivre la méthode vulgaire de tous les auteurs modernes d'histoires universelles, en remplissant, par l'histoire d'une seule nation, tout l'intervalle qui s'est écoulé entre ce qu'on appelle le premier homme, et ce Cataclysme de Noë, que l'ignorance de la physique et l'égoïsme de la superstition appelèrent le déluge universel ; il suffit alors de copier un seul livre pour se dispenser de lire les autres : on s'épargne la peine de rechercher ce que tout le monde voudrait savoir, en répétant fastueusement ce que personne n'ignore.

La Cosmogonie de Moyse peut être de quelqu'authenticité pour les partisans de bonne foi d'un culte exclusif : mais cette authenticité n'est point celle des ouvrages d'un Tacite ou d'un Diodore, que l'on peut analiser, commenter et soumettre au creuset de l'examen. Sous quelque point de vue qu'on se place, il y a de la sagesse à ne point commencer les annales des peuples par une théorie religieuse, à ne point donner à l'histoire l'appui de la Foi : car ou l'on croit au culte du peuple de Dieu, et alors il ne faut ni analyser ni commenter les origines Hébraïques, par respect pour le Pentateuque; ou l'on n'y croit pas, et alors il faut garder le même silence, par respect pour la raison.

Ainsi, on me saura quelque gré de m'être frayé une route toute neuve pour parvenir au berceau de la race humaine, d'avoir trouvé un principe qui concilie toutes les contradictions apparentes des premiers historiens, et de m'être fait ainsi, auprès de la génération présente, l'interprète de toute l'antiquité.

J'ai, je pense, démontré qu'il y avait eu une époque dans l'âge de notre planète, où l'Océan avait couvert nos trois mondes.

A mesure que la mer se retira, le sommet des montagnes domina sur les flots, et la nature féconde en principes générateurs, les rendit graduellement propres à devenir le séjour des hommes.

Ces montagnes, ainsi isolées au milieu de l'Océan, ne furent primitivement que des Isles qui s'aggrandirent ensuite par la retraite successive des eaux, se réunirent entre elles et formèrent nos Continens.

Une des premières Isles que le genre-humain put habiter, fut cette Chaîne du Caucase, qui, dans l'origine, se trouvait baignée du côté de l'Europe, par la prolongation de notre Méditerrannée actuelle et du côté de l'Asie, par le grand bassin formé de la réunion de notre mer Glaciale et de notre mer des Indes, bassin que la stérilité de notre grammaire philosophique m'oblige à appeller mer Caspienne.

Le Caucase, comme on l'a déjà vû, s'étend du côté de sa tige, de la mer Noire à la mer Caspienne, puis, se prolongeant vers le Midi, il se courbe sous le nom d'Immaüs, traverse l'Asie dans sa largeur et s'étend jusqu'à la Chine. L'Atlas, qui domine sur l'Afrique, n'est qu'un anneau de cette Chaîne primordiale: il en est de même des Alpes, des Apennins et de tous les massifs imposans qui forment la charpente de l'Europe : enfin ce grand colosse étend ses bras, d'un côté vers l'Amérique et de l'autre vers les Terres Australes. Ainsi j'ai eu raison d'en conclure, dans le premier volume de cet ouvrage, que toutes les montagnes de la terre ont un point central de réunion vers la montagne-mère, comme tous les faisceaux fibrillaires, correspondent dans le corps humain au Sensorium : de dire que les Alpes, les Gates, les Apennins et la Chaîne immense de l'Oural, sont, à cet égard, les fibres des extrémités du Globe, et que le Sensorium est au Caucase.

C'est déjà un grand préjugé en faveur de ma théorie sur la Métropole du genre-humain, que cette Métropole, par ses rapports physiques avec tous les points du Globe, semble avoir été appellée par la Nature à la monarchie universelle.

La hauteur du Caucase, sur-tout à cette période inaccessible à notre faible chronologie, qui touche au berceau de la Nature organisée, contribue encore à ajouter un nouveau poids au dogme fondamental de notre évangile primitif.

Et cette hauteur n'était point problématique aux yeux de l'antiquité. Pline, Strabon en parlent avec admiration; le poëte Eschyle et le géographe Agathémer disent expressément, que le Caucase est avec l'Immaüs le point le plus élevé du Globe : Philostrate, l'historien d'Apollonius de Tyane, se sert de l'expression énergique, que SA CIME FEND LE SOLEIL.

C'est sur-tout en Asie qu'il faut chercher des témoignages sur le poids énorme qu'a eu autrefois le Caucase, dans la balance du Globe, et, à en juger par les traditions primitives recueillies dans les livres de l'Orient, le philosophe ne l'y cherchera pas vainement.

Il y a dans cette partie du monde, une tradition des premiers âges, qui nous a été conservée par les écrivains Orientaux, suivant laquelle, quand la Terre fut donnée à

Adimo, le peuple antérieur fut relégué dans les montagnes du Caucase.

Moyse, ainsi qu'Astruc et d'autres savans l'ont démontré, a composé sa Genèse de fragmens d'histoire épars en Orient; et Moyse dit en propres termes, dans le dixième chapitre de cette célèbre Cosmogonie, que LA POSTÉRITÉ DE JAPHET SE DISPERSA DANS LES ISLES DES NATIONS; or, ces ISLES expriment parfaitement le sommet des montagnes, lorsque la mer couvrait les plaines des deux mondes; et le législateur sacré ne pouvait avoir en vue que le Liban, le Taurus, et les monts de l'Arabie, qui sont tous des prolongations de la Chaîne-mère du Caucase.

Un savant, qui a passé une vie laborieuse à débrouiller le cahos de l'ancienne Mythologie, a prouvé qu'un Acmon, Kan d'une horde ambulante de Scythes, était le père d'Ouranos, un des législateurs des Atlantes. Il y avait donc un peuple antérieur au peuple primitif de Platon et de Diodore. Or, les Scythes qui désignent ce peuple antérieur sont évidemment originaires du Caucase ; ainsi ce mont primordial paraît avoir été la Métropole de toutes les Colonies du Monde Primitif.

Voici un texte, tiré de la compilation Européenne des anecdotes Orientales, qui suffirait seul peut-être pour ramener le Pyrhonien le plus décidé, à notre théorie sur la Métropole primordiale.

» Les Mahométans.... croyent que le
» Caucase, qu'ils appellent le Caf, entoure
» le Globe entier..... d'après cette hypo-
» thèse, ils disent que le Soleil, à son lever,
» paraît sur une croupe de cette montagne,
» et qu'il va se cacher derrière la croupe
» qui lui est opposée..... il n'est pas rare
» de trouver dans les livres, cette expres-
» sion : DEPUIS CAF, JUSQU'A CAF : c'est-
» à dire, d'une extrémité du Globe à
» l'autre....

« L'Alvardi, adoptant la doctrine des my-
» thologistes de l'Orient, a écrit que le
» Caucase avait pour fondement une pierre
» du nom de Sakhrat : pierre, dont le phi-
» losophe Lockman assurait que quiconque
» en aurait le poids seulement d'un grain,
» opérerait des miracles. C'est à peu près
» le mot d'Archimède qui prétendait, qu'en
» lui donnant, hors de la terre, un point
» sur lequel son pied put poser, il lui im-
» primerait toutes sortes de mouvemens....
» Le Tarikh-Tabari, ouvrage Persan,
» dit que l'Éternel, après avoir créé la Terre,
» l'entoura et l'appuya d'une Zône de mon-
» tagnes, que l'on nomme le Caucase...
» la Terre se trouve au milieu de ce vaste
» massif, comme le doigt au milieu de
» l'anneau....l'anneau du Globe est de
» couleur d'émeraude, et toutes les autres
» montagnes n'en sont que des ramifi-
» cations. »

La position du Caucase, dans un des

climats les plus favorisés de la nature, son embranchement avec toutes les grandes Chaînes, qui forment la charpente du Globe, et sur-tout sa hauteur prodigieuse dans les tems primitifs, concourent à y placer la Métropole du genre-humain, sur-tout quand on n'emprunte pas à la théologie ses dogmes anti-physiques et au philosophisme ses demi lumières et ses paradoxes.

Mais, dira-t on, cette hauteur même du Caucase, ne semble-t-elle pas un préjugé contre l'antique population des premiers hommes? on ne se fait pas aisément à l'idée, que la nature a déployé un jour toutes ses richesses et toute sa fécondité, sur des rochers que nous nous représentons aujourd'hui comme couverts de frimats éternels. On a de la peine à croire que les lieux inaccessibles, où les plus sauvages des aigles tremblent à faire leur nid, ayent pu être la demeure des hommes.

Voilà comme l'esprit humain, toujours

porté à circonscrire l'espace où il prend son essor, se ferme lui-même la route aux découvertes; il ne voit jamais que le monde qu'il habite, et non celui qui l'a précédé; cette mer sans bornes, qui a inondé le Globe, n'est pour lui que ce petit Océan, ou ces faibles Méditerranées que couvrent nos vaisseaux; parce que nous ne pouvons franchir le Mont Blanc, le Pic de Ténériffe ou les Cordilières, il veut que le Peuple Primitif n'ait pu cultiver les hauteurs du Caucase; parce que nous n'avons que cinq pieds et demi, il décide que nos ancêtres n'ont pu avoir six pieds.

D'abord ces rocs escarpés, qu'aujourd'hui l'œil de l'imagination franchit à peine, ne touchent point au berceau du monde; ces masses isolées ne sont que le noyau d'un Globe de terre qui n'est plus. Je me figure les anciennes montagnes, comme des plaines convexes, assés semblables à notre Plateau de la Tartarie; peu-à-peu le Soleil enlève,

par

par l'activité de ses rayons, les sels les plus subtils, dans toute la profondeur de cet humus qu'il dessèche ; les angles les plus exposés au contact de l'air se décomposent ; les vents dissipent cette terre aride ; et alors le sommet de la montagne, d'une sphère convexe, devient un cône régulier, dont un rocher fait la pointe.

Il y a, dans l'Histoire Naturelle, un fait qui confirme singulièrement cette théorie ; on ne trouve ni coquillages ni pétrifications sur le sommet des montagnes élevées : Haller n'en a point rencontrés sur les Alpes, ni la Condamine sur les Cordilières. Comme ces Pics inaccessibles sont les seuls endroits de la Terre, où on ne découvre plus ces vestiges du séjour des eaux, il est évident qu'il faut l'attribuer à des causes accidentelles, qui, en précipitant toute l'enveloppe des rochers dans le fond des vallées, ont décharné, pour ainsi dire, le Globe, et fait de ses hauteurs une tête de squelette.

L'activité de l'air n'était point encore un obstacle à la population du Peuple Primitif sur le Mont-Caucase. Si les Suisses les plus intrépides n'ont pu franchir le Mont-Blanc, si la Condamine, le martyr de la philosophie, a perdu sur le Chimboraço une partie de son tact et ses oreilles, c'est que l'Européen, accoutumé dès son enfance à soutenir, dans le fond des vallées où il végète, une colonne énorme de l'atmosphère, cesse d'être dans son élément, quand il n'est plus courbé sous le poids de cette colonne. Puisque le passage de l'eau dans l'air est mortel au poisson, il doit l'être pour nous, lorsque, de la fange de nos marais, nous voulons nous élever au-dessus du Mont-Blanc ou des Cordilières.

Mais si l'on suppose des hommes nés sous un ciel actif, et respirant dès l'enfance, un air dégagé de toutes les exhalaisons grossières qui l'empoisonnent, ils pourront vivre sur le sommet de ces montagnes, que la face dégénérée qui habite nos villes, ne peut contempler sans effroi. Cette vivacité de l'atmosphère, qui détruirait nos faibles organes, multipliera les principes de vie, dans les corps de ces fils aînés de la Nature.

Les Jésuites mathématiciens, que les Souverains de la Chine envoyèrent, pour reconnaître le Plateau de la Tartarie, ne respiraient qu'à peine sur la partie la plus convexe de ce Plateau, quoique la poitrine des Tartares n'y subit pas la plus légère atteinte; et assurément le Peuple Primitif, plus voisin d'une Nature pleine d'énergie, devait être mieux organisé que les Nomades contrefaits, qui traînent leur maisons ambulantes autour de Selinginskoi.

Après avoir établi ces principes, il est inutile de réfuter de frivoles conjectures. On nous oppose des glaces : mais elles ont commencé. On nous parle des aigles qui font leurs nids sur les sommets des Alpes et des Andes : mais l'homme est le seul des êtres animés, qui puisse vivre sur toute la surface du Globe ; ainsi de ce qu'on voit des aigles sur les plus hautes montagnes de la Terre, j'en conclus qu'on a pu y voir des hommes.

A mesure que les sommets du Caucase ont perdu la terre végétative qui les enveloppait, le Peuple Primitif a du descendre vers le pied des montagnes ; il était appellé par la voix impérieuse du besoin, à suivre la Nature à la trace de ses pas : il la cultivait, lorsqu'elle semblait lui sourire, et l'abandonnait, lorsqu'elle abandonnait les hommes.

Cette partie du Caucase, que je regarde comme la Métropole des premiers hommes, est au quarante cinquième degré de Latitude, c'est-à-dire, dans un des plus heureux climats de l'Asie; les neiges se sont amoncelées sur ses pointes, depuis qu'elles sont devenues de simples rochers ; mais, s'il en faut croire Rubruquis et Carpin, qui voyagèrent en Tartarie, il y a un peu plus de 500 ans, la montagne, depuis la naissance de ses Pics, se prête à tous les travaux des cultivateurs ; le bled y vient en abondance : la vigne s'y entrelasse autour des arbres, qui se courbent sous le poids des fruits : le pays ne paraît tout entier qu'un jardin élevé en amphithéâtre. Quand on descend du Mont-Caucase, et qu'on s'approche de Derbend, sur les frontières de la Perse, on respire encore cet air parfumé qu'exhâlent, sous un beau ciel, les végétaux, qui ont tous leurs sucs générateurs ; la terre y est un peu moins cultivée, parce que le Soleil, une religion faite pour les sens, et un gouvernement arbitraire, entretiennent les habitans dans leur inertie ; mais s'il s'y trouve des déserts, l'homme juste ne doit pas s'en prendre à la Nature.

Quand même les voyageurs se tairaient sur la beauté du climat des environs du Caucase, la tradition de tout l'Orient supplérait à ce silence. Jamais les jardins de Sémiramis, d'Armide et des Hespérides, n'ont été célèbres, comme l'ancienne métropole du genre-humain ; le Mont-Olympe même, quoiqu'Homère en fasse le séjour des Immortels, a inspiré moins de vénération aux peuples, que le Mont-Caucase. D'Herbelot a rassemblé, dans sa BIBLIOTHÈQUE ORIENTALE, les débris vénérables de cette antique tradition ; ce monument littéraire, tout étranger qu'il est, a un charme secret qui m'entraîne ; je le lis avec le même intérêt, que si je trouvais dans une famille qui m'est inconnue, les titres de mes pères.

Quand les législateurs Orientaux veulent conduire les hommes à la vertu, par le dogme de l'immortalité, ils leur promettent, quand ils ne seront plus, la vue de Caucase.

Ce Caucase, s'il en faut croire les géographes, ainsi que le texte déjà cité, est l'unique montagne du Globe ; il embrasse, dans sa Chaîne immense, tous les rochers, et toutes les éminences du monde connu.

Le poëte tire de ce Mont célèbre ses plus sublimes allégories ; il suppose que la suprême intelligence lui a donné pour base un simple rocher, et qu'il lui suffit d'agiter ce rocher, pour faire trembler l'univers.

Le peuple lui-même rapporte à cette montagne le petit nombre d'idées que l'habitude lui fait adopter ; si le Soleil se lève, c'est sur sa cime : s'il se couche, c'est derrière elle ; aller du Caucase au Caucase, c'est dans son langage, parcourir le Globe d'un Pôle à l'autre.

Cet accord de toutes les voix et de toutes les plumes de l'Orient, pour célébrer le Mont-Caucase, indique assez la patrie des instituteurs du genre humain.

Plus le Mont-Caucase a été un objet de culte pour l'Asie, plus ses peuples ont dû s'empresser à en conserver la possession. On voit en effet dans les écrivains Orientaux, qu'il y a eu, dans les siècles reculés, beaucoup de sang répandu, soit par la politique, soit par la religion, pour conquérir, ou pour défendre ce berceau des nations ; si les Asiatiques le voyent aujourd'hui avec indifférence, entre les mains de quelques Hordes indépendantes, c'est que l'évangile de Mahomet, qui a envahi un tiers du Globe, a fixé ailleurs l'attention des peuples ; les conquérans de la religion Mahométane n'ont voulu tourner leurs armes que contre les Chrétiens, et le pélerinage de la Mecque a fait tomber celui du Mont-Caucase.

Il existe au reste encore, un monument de cet ancien état de guerre, entre les nations qui se disputaient l'empire du Caucase ; je veux parler des barrières qu'on rencontre dans les gorges de ces montagnes, qui sont voisines de la mer Caspienne ; elles sont célèbres dans l'antiquité, sous le nom de Portes du Caucase. Il y avait auprès de Derbend, vers le quarante-cinquième degré de Latitude, une de ces Portes, dont la construction remontait jusqu'au règne de Diemschid, qui bâtit Persépolis : car c'est peut-être un effet de la vanité Grecque d'en avoir fait honneur à Alexandre.

Le Peuple Primitif, avant de songer à se bâtir des retranchemens dans les défilés du Caucase, avait envoyé des Colonies sur les Chaînes et sur les Plateaux du Globe, qui étaient à sa portée : car, s il était resté seul dans l'enceinte de la montagne mère, il n aurait eu ni ennemis à combattre ni remparts à élever : or, au défaut des monumens qui touchent au berceau de la Terre, on rencontre dans les premières pages de l'histoire écrite, des preuves que le peuple Indigène du Caucase a laissé par-tout des traces de son passage.

Il n'y a rien de si célèbre dans l'antiquité,

que les émigrations des peuples sortis du Mont-Caucase ; sans parler des Scythes, qui, de tems immémorial, habitaient ses hauteurs, et qui, sous le nom de Tartares, ont ensuite envahi une partie de l'Asie, on sait que les Getes les ont abandonnées, pour aller peupler les bords du Danube, et un philosophe croit avoir démontré que les Persans, les Chinois et les Indiens tirent de là leur origine.

Les historiens modernes de l'Orient, rendent compte de ces émigrations, et ne parlent de la Métropole du Caucase qu'avec cet enthousiasme d'un ancien Romain exilé, qui prononce le nom de sa patrie. Il est vrai qu'ils ont développé ce noyau historique d'une écorce fabuleuse qui le défigure. Ce roi Huschenk, qui dompte les géans, sur un cheval à douze pieds, né d'un crocodile et de la femelle d'un hippopotame, ce Thamurath, plus heureux encore, parce ne le griffon sur lequel il était monté avait le don des langues : ces Dives destructeurs, chassés par le Diable aux extrémités de la Terre, et qui viennent ensuite refluer sur les hauteurs du Caucase : ces Fées qui habitaient dans une Babylone de diamans : toutes ces rêveries, dis-je, n'ont pas plus de poids que les miracles des Théogonies religieuses ; mais enfin, le fond de vérité se pressent sous le voile qui le couvre, et il ne faut pas rejeter le monument historique, parce qu'il nous a été transmis par des poëtes.

Puisque l'histoire écrite ne remonte pas au-delà de cent siècles, revenons à la raison dont les principes sont éternels, et cherchons, par le secours de l'analogie philosophique, comment s'opérèrent les premières émigrations du peuple primordial du Caucase.

Ce peuple primordial fut originairement un peuple pacifique, car l'homme n'est point né Tigre ou Vautour, et l'état de guerre n'est point pour nous l'état de nature.

Ce peuple pacifique, que nous ne connaîtrons jamais que par la raison, commença probablement par se nourrir des fruits, que la terre, neuve encore, lui fournissait en abondance; il avait peu de besoins, et par conséquent peu d'industrie; son entendement, faiblement exercé, partageait, s'il faut s'exprimer ainsi, l'enfance du monde qu'il habitait; et son histoire, stérile en évènemens, ne mérite de nous occuper, que parce que c'est l'histoire de nos pères.

L'excessive population du Peuple Primitif, le conduisit à changer sa manière de vivre; la Terre, malgré sa fécondité, ne pouvait suffire aux besoins d'une multitude qui s'accroissait sans cesse; il fallut forcer cette terre, par la culture, à développer tous ses sucs générateurs; dès-lors naquit l'industrie, mère des arts; et les hommes primitifs, de frugivores, devinrent cultivateurs.

Dans la suite, la terre du Caucase, épuisée par la culture, répondit moins à l'attente des cultivateurs; la population des hommes Indigènes augmenta, à mesure qu'ils virent diminuer les ressources pour leur subsistance; il fallut dès-lors que les cadets de la grande famille primitive, abandonnassent à leurs aînés, le patrimoine de leurs pères; et un essaim de la jeunesse du Caucase alla se créer une nouvelle patrie dans une contrée, où elle ne serait point à charge à ses concitoyens.

L'Océan, dans l'intervalle, avait cessé de battre de ses flots les plus grandes élévations du Globe; la Chaîne presqu'entière du Caucase était à découvert, et il suffisait de suivre sa direction, pour arriver à des terres vierges, où pourraient se déployer à-la-fois toute l'activité de l'homme, et toute la fécondité de la Nature.

Ces premières Colonies errèrent probablement long-tems avant de se fixer. On sait combien la curiosité humaine est inquiète : elle ne se rassasie point par les jouissances ; plus l'horizon se développait à leurs regards, plus ils sentaient s'accroître le desir d'augmenter leurs domaines. Cette vie errante constitue une classe particulière d'hommes dans l'ordre social ; on appelle le peuple qui l'embrasse, un peuple Nomade.

La vie sédentaire rassemble les hommes, mais la vie ambulante les divise ; les premières Colonies Nomades durent donc se partager en un grand nombre de Hordes, qui ne se réunirent point, comme celles de nos Tartares, en républiques fédératives, parce qu'elles n'eurent pas de long-tems d'ennemi commun à combattre.

Un peuple Nomade n'a pas le tems de cultiver la terre ; car s'il le trouvait, il aurait des loix, un gouvernement fixe, des vertus d'opinion, différentes des vertus naturelles, et il cesserait d'être Nomade.

Celles d'entre ces sociétés errantes qui ont le moins secoué le joug de leur ancienne civilisation, vivent des fruits qu'ils rencontrent, et du lait de leurs troupeaux; voilà les peuples Pasteurs, dont le portrait a fourni tant de fictions heureuses aux poëtes, et tant de déclamations aux philosophes; l'âge où on les a placés, a même été appellé l'âge d'or, quoiqu'assurément l'âge où l'or est abondant, ne soit pas le premier des âges.

Parmi les Peuples Primitifs Nomades, ceux qui ont erré dans les plaines ont pu rester Pasteurs; mais ceux qui, rencontrant de vastes forêts, ont eu le courage d'y vivre, sans avoir l'industrie de les défricher, ont formé une nouvelle branche dans l'arbre social; ils ont commencé par disputer aux bêtes féroces l'empire des forêts: ils se sont ensuite nourris, malgré l'instinct de la nature, de la chair palpitante de ces bêtes qu'ils avaient égorgées, et ils ont fini par devorer jusqu'aux animaux timides, qui se seraient soumis à leur empire, si leurs destructeurs avaient eu la patience de les soumettre au joug de la domesticité.

Un peuple Chasseur, qui n'a point de propriété stable, est très-difficile à civiliser; il ne peut faire un pas dans les forêts qu'il habite, sans s'écarter de la vie sociale ; voyant décroître le gibier dont il tire sa subsistance, à proportion que ses semblables se multiplient, il doit chercher, par intérêt, la solitude, que le misanthrope cherche par cynisme; si cet état, que je regarde comme une maladie de l'espèce humaine, va toujours en empirant, l'habitant des bois devient un Sauvage.

Parmi les premières Colonies Nomades, il doit y avoir eu une race intermédiaire entre le peuple Chasseur et le peuple Pasteur;

veur ; ce sont les Hordes peu nombreuses qui, suivant les côtes de la mer pour pêcher, rentrent l'hiver dans les bois, pour y vivre du poisson qu'ils ont fait sécher au soleil ; on appelle ces Nomades des Ichthyophages, et on en trouve encore dans le voisinage du Pôle : ce sont les Groënlandais et les Esquimaux.

Le Peuple chasseur, quand il ne se condamne pas à la vie isolée des sauvages, accoutumé à répandre le sang, et à abuser de sa force, tourne bientôt, contre des hommes pacifiques, les armes que le besoin de subsister lui avait fait prendre contre les bêtes féroces ; il attaque les pasteurs et les extermine ; car le Peuple qui ne sait que se défendre, est bien faible contre celui qui vient le subjuguer ; et parmi les hommes, comme dans le reste de la nature animée, le combat est bien court ; entre l'être qui est fait pour être un tyran, et celui qui est né pour devenir sa victime.

C'est dans cette classe de Nomades chasseurs, qu'il faut chercher les Conquérans de la Terre, ces tigres couronnés, ivres du sang des Peuples, qui seraient les derniers hommes, s'ils n'avaient pas eu des panégyristes ; il est évident que ce sont eux qui ont anéanti le Peuple pacifique qui fertilisa les sommets du Caucase.

On voit que ces idées simples et fécondes sur les premières émigrations du Peuple primordial, m'ont conduit à établir, de la manière la moins arbitraire, la généalogie de toutes les grandes Sociétés de l'univers.

Il fallut bien du courage sans doute aux premières colonies Nomades, pour traverser toute la Chaîne du Caucase, du voisinage de la mer Caspienne, jusqu'aux frontières de la Chine ; le changement de climat dût mettre souvent leur constance à l'épreuve ; mais il faut observer, que ce grand voyage du Peuple errant ne put être achevé, qu'après un intervalle de plusieurs siècles ; ainsi on eut le tems de s'essayer contre les feux du soleil, qui embrâsent le voisinage des Tropiques.

Au reste, il a été donné à l'homme de braver les influences des climats. Toutes les races animales, toutes les espèces de végétaux s'anéantissent, quand elles passent de l'Equateur au Pôle et du Pôle à l'Equateur ; l'homme seul résiste à toutes les intempéries : son corps se dégrade, il est vrai ; la douceur de sa physionomie s'altère ; le feu du génie abandonne sa pensée : mais enfin il vit au-delà du Groënland et sous la Ligne : il s'y propage, et ce privilége unique suffiroit pour excuser la vanité, qui le place au haut de l'échelle de la nature.

A la suite de ces idées philosophiques, sur les émigrations du Peuple Primitif du Caucase, on s'attend à voir fixer l'ordre même de ces émigrations, sinon d'après l'histoire, qui garde un silence absolu, du moins d'après la structure physique du

Globe, qui a, dans cette matière, un poids bien supérieur à l'histoire.

Notre théorie semble avoir démontré, que le berceau de la Terre a été la partie la plus élevée de nos continens, celle qui, dominant le plutôt sur la surface des mers, a dû servir plutôt d'azile aux hommes.

Parmi ces contrées élevées de nos continents, il y en a trois qui frappent particulièrement nos regards, parce qu'on y voit empreints en caractères ineffaçables, les pas des hommes Primitifs.

L'une est cette Chaîne-mère du Caucase, dont la nature semble avoir organisé l'énorme massif, pour en faire la barrière naturelle entre l'Asie et l'Europe. La seconde, est ce Mont-Atlas, qui couvre de ses rameaux le continent de l'Afrique : la dernière est le plateau de la Tartarie, le pays le plus élevé du Globe, après les pics de ses montagnes primordiales.

Le Caucase était, comme nous l'avons

vu, une grande isle dans les tems primitifs ; le Peuple indigène, pressé dans son enceinte par sa nombreuse population, envoya une première colonie dans l'isle la plus voisine, qui était formée par l'émersion de l'Atlas, au-dessus de la mer unique, qui baignait le Globe. Comme l'Atlas s'étend par ses branches jusqu'à notre Mer-Rouge, ce trajet d'une montagne à l'autre n'était pas assez extraordinaire, pour exiger des chefs de la Société naissante le génie audacieux de nos Magellan et de nos Anson.

La Colonie des hommes Primitifs put s'étendre, en suivant la direction de la Chaîne de l'Atlas, de l'extrémité Orientale de l'Afrique jusqu'au Détroit de Gibraltar ; cette propagation successive, qui dépendait de la retraite graduée de l'Océan, exigeait, comme on le pressent, une série prodigieuse de siècles ; c'est vers la fin de cette longue période, qu'Hercule posa, ou qu'on posa en l'honneur d'Hercule, cette foule de Colonnes qu'on rencontre dans cette partie de notre continent, depuis la Mer-Rouge, jusqu'à notre Océan Atlantique.

Le Peuple Primitif n'a point de nom ; les pas du tems imprimés sur les roches dégradées du Caucas semblent avoir anéanti ces premières lignes de notre généalogie.

Il n'en est pas de même de la première des Colonies humaines; le nom d'Atlas que porte, de tems immémorial, la Chaîne primordiale de l'Afrique, celui d'Atlantique, donné par le concert unanime de toutes les traditions, aux mers qui entourent ce continent, tout, jusqu'à des débris d'histoires primitives, échappés aux catastrophes physiques du Globe, annonce qu'on peut faire connaître ces premiers rejettons du Peuple indigène, sous le nom d'Atlantes.

De la Chaîne-Mère de l'Afrique, l'Atlante se répandit dans les isles adjacentes, formées par les montagnes secondaires; qui s'élevaient lentement au-dessus des eaux; et quand la Mer eut laissé à découvert les plaines les plus élevées de nos continens, il vint habiter ces isles du troisième ordre. Dans le nombre des dernieres, il s'en trouva une à jamais mémorable, dont les Souverains acquirent un grand pouvoir, et quelques-uns d'entr'eux, cette gloire, qui est si rarement unie à un grand pouvoir. Cette isle porta par excellence le nom d'Atlantide : elle était sur le point d'envahir le monde alors connu, lorsque, dans une révolution physique du Globe, elle fut submergée.

Le Caucase est plus proche du Plateau de la Tartarie, que de l'extrémité Orientale de l'Atlas. Mais comme une plaine, quelqu'élevée qu'elle soit, ne saurait jamais être de niveau avec le sommet d'une haute Montagne, il est probable que les hommes Primitifs, ne sont descendus au centre de l'Asie, qu'après avoir peuplé les hauteurs de l'Afrique. Au reste, si cette nouvelle Colonie a pénétré plus tard vers le fleuve

Songari et vers Sélinginskoï, elle y a laissé des traces plus durables de son existence ; le mouvement philosophique que son génie a imprimé en Asie, s'est communiqué au reste du Globe; la raison des habitans Primitifs du Plateau a électrisé celle des Brames antiques, qui, probablement, ont préparé le siècle de Périclès, sans lequel il n'y aurait point eu de siècle de Louis XIV.

Telle est l'analyse de nos recherches ; elles conduisent à tracer le tableau historique des Sociétés primitives, sous quatre époques.

L'une regarde le tems où l'homme indigène habitait les hauteurs du Caucase ; ce tableau, dont la philosophie ne soulève que d'hier le rideau qui le couvre, n'exige pour être revivifié, dans ses parties apparentes, que quelques coups de pinceau.

L'autre nous transporte en Afrique, sur la Chaîne des Atlas ; la nature qui a vivifié cette partie du monde, n'existe encore pour l'histoire que par sa renommée; ainsi, et je veux n'être que vrai, ma plume n'aura sur cette seconde période, que quelques lignes à tracer.

Une autre époque regarde le siècle où la Colonie, établie dans l'Atlantide, acquit assez de puissance, pour éclipser la gloire de sa métropole; et ce siècle consacré par les traditions Sacerdotales de Saïs, par les éloges de Platon et de Diodore, mérite d'occuper une place dans ces annales philosophiques du Monde Primitif.

L'ordre des tems exige, peut-être, qu'on fasse précéder l'époque du naufrage de l'Atlantide, par celle de la transmigration d'une Colonie du Caucase, sur le Plateau de la Tartarie : Ere célèbre, dans les annales de la raison, par le progrès des arts, des lettres et de l'astronomie. Enrichis aujourd'hui des découvertes de cette dernière race du Peuple instituteur par excellence, ayant réussi à faire, des débris de la science éparse dans tout l'Orient, un édifice régulier, où la main du génie est encore empreinte, on ne doit point trouver mauvais, que cet ouvrage consacre quelques lignes à l'histoire conjecturale de ces bienfaiteurs des hommes ; j'ignore quels seront les sentimens de ceux qui vont la parcourir; mais si elle n'est lue que par la curiosité, elle sera du moins écrite par la reconnaissance.

DE LA SUPÉRIORITÉ

DU PEUPLE PRIMITIF

Je pense avoir établi par des preuves assez fortes, le séjour du Peuple Primitif, qui n'est pas le Peuple de Dieu, sur les hauteurs du Caucase : je ne me suis point appésanti sur la manière dont il y avait été organisé ; je n'ai point cherché, dans une chronologie hypothétique, à quelle époque il avait d'abord vivifié la grande Métropole. Ces questions tiennent trop à la métaphysique de l'histoire ; il me suffit de savoir que le Peuple indigène a habité les éminences découvertes de la première montagne du Globe, à une époque qui se dérobe à toutes les recherches ; ce fait isolé, mais authentique, est pour moi un grand trait de lumière ; ce n'est qu'une ligne dans le livre de la haute antiquité, mais dans cette ligne, je lis l'Histoire Primitive de l'univers.

Le Peuple Primitif eut d'autant plus de facilité à se propager sur toutes les éminences, tant primordiales que secondaires, du grand massif du Caucase, qu'avec une carrière de vie beaucoup plus longue que la nôtre, il n'avait ni nos corps dégénérés, ni nos ames sans énergie; ce que je vais dire humiliera peut-être notre orgueil: mais je fais l'Histoire du Globe, je dois la vérité aux Fourmis qui l'habitent, ainsi qu'à ses Aigles

Il est évident que les Patriarches du genre humain devaient avoir une prodigieuse supériorité sur leur race abatardie: puisque l'ancien Monde était plus régulier, que la communication par les mers était plus libre, que l'action du flux et du reflux était plus égale, que les vents plus uniformes, entretenaient plus également la pureté de l'atmosphère, et que la nature, dans son adolescence, communiquait les principes de vie dont elle surabondait, à tous les êtres qui composaient sa hyérarchie.

D'abord, on ne peut dissimuler que la terre n'ait été peuplée de Géants, dans son premier âge.

Je ne parle point des Cananéens à taille colossale, qu'eurent à combattre David, et l'armée de Josué : mais Moïse, qui a recueilli, quoique sans les citer, les antiques traditions de l'Orient, dans le premier livre de son Pentateuque, rend hommage à ce fait mémorable, quand il dit qu'au berceau du monde, des Anges ayant joui des filles de Caïn, des géants naquirent de ce mélange.

Un abbé de Tilladet, qui passa sa vie à concilier la Physique et la Genèse, lut, le siècle dernier, un mémoire savant dans une de nos Académies, où il tenta de prouver qu'on devait mettre dans la classe des géants Adam et tous les Patriarches; il y démontrait assez bien que, dans les principes d'une saine philosophie, on ne pouvait expliquer autrement la longue vie que Moyse, donne aux ancêtres des Hébreux; on taxa l'Académicien de visionnaire : mais personne n'osa descondre dans la lice pour lui répondre.

Le Talmud renferme à ce sujet une vision bien plus étrange. S'il en faut croire les Rabbins, qui ont écrit cette nouvelle Apocalypse, Adam fut créé si grand, que sa tête touchait au firmament; les Anges à sa vue murmurerent; ils représentèrent à l'Eternel, qu'il y aurait deux êtres suprêmes, un au ciel et un autre sur la terre. Dieu vit alors sa faute et la répara; il appuya sa main sur la tête d'Adam, et réduisit le colosse à une taille de quinze cents pieds; ce qui est à-peu-près celle de notre Micromégas.

Le Talmud ne mérite pas d'être réfuté, soit parce qu'il est le Talmud, soit parce qu'il ne fait qu'ajouter des fables orientales, aux fables Hébraïques de la Genèse; mais au milieu des rêveries qu'il rapporte, on découvre le germe de l'ancienne tradition, sur la taille colossale des premiers hommes, et cette tradition est digne de remarque.

Cette opinion, que la terre a d'abord été habitée par des géants, a sur-tout été très-répandue dans la partie de l'Asie qui avoisine la Chaîne du Caucase. Les Scythes parlaient d'une génération de géants de leur race, bien antérieure à leur Anacharsis. L'Inde a retenti des combats de ses Briarée contre ses Dieux. Siam a donné une taille prodigieuse aux législateurs qui la civiliserent. Tout, dans ce premier âge de l'Asie, est colossal, jusqu'aux Dieux qu'elle adore; ces Dieux gigantesques se sont conservés; ainsi l'idée de l'existence des géants primitifs, vivrait encore dans l'enceinte des temples, quand même elle serait bannie des livres des historiens.

C'est sur-tout au Caucase même, que je vois, parmi les Orientaux, des traces de l'ancien séjour des géants sur ses hauteurs. Suivant les premières annales Persanes, ces espèces d'Encelades, sous le nom de Dives, gouvernèrent le Globe pendant sept mille ans; l'un d'eux, appellé Argenk, bâtit sur le Caucase, une galerie qui renfermait les statues de leurs rois; comme ils abusèrent de leurs forces, ils eurent des ennemis. Huschenk, l'Hercule de ces tems reculés, quoique d'une taille moyenne, leur déclara une guerre implacable, et peut-être les aurait-il subjugués, si un quartier de roche, qu'ils lui lancèrent dans les gorges des montagnes de Damavend, n'avait terminé sa carrière.

Pour surcroît de justesse dans mes conjectures historiques, il se trouve que ce mot *Dive*, dans les anciennes langues de l'Inde et du Malabar, signifie aussi isle, delà est venu le nom de Serandive, donné par les Arabes à l'isle de Ceylan. De-là l'usage en Asie d'appeller les Archipels de Male et de Laque, les Maldives

Maldives et les Laquedives. Ainsi le mot *Dive*, le plus ancien nom sous lequel on connaisse une génération du Peuple Primitif du Caucase, désigne à la fois des géants et des insulaires.

Ces géants devaient naturellement avoir une vie proportionnée à leur taille; c'est la loi dans toute la nature, à moins que l'homme ne la contrarie; un éléphant vit plus long-tems qu'un écureuil, et un cèdre qu'une renoncule; au reste, de Stockolm à Pékin, telle a été, en tout tems, la croyance des peuples : et tous les livres anciens en sont garant depuis le Pentateuque, jusqu'aux Liturgies absurdes qui forment l'évangile de Zoroastre.

Des géants, qui vivent plusieurs siècles, doivent avoir encore une intelligence supérieure à des hommes qui existent à peine cent ans, et qui n'ont pas six pieds. La raison en est, que des êtres qui ont toute la vigueur de leur nature, doivent être supérieurs en tout à des êtres dégénérés; notre Globe, tel qu'il est aujourd'hui, offre des exemples de cette dégradation de taille, qui annonce la dégradation de la raison; assurément les Suédois et les Persans ont plus d'intelligence que les Pygmées de la Laponie, ou les Quimossés, qui sont les Lapons de Madagascar.

A ne considérer que les individus, le dernier de nos Européens, a une raison bien plus exercée que ce Bébé, du Roi Stanislas, qui mourut de vieillesse, à trente ans, sans être jamais sorti de l'enfance.

Malheureusement nous ne pourrons jamais prouver, que par l'analogie, l'intelligence supérieure des hommes Primitifs du Caucase; il ne reste aucun monument direct, de leurs lumières; leur race est anéantie, leur nom même s'est perdu, et l'impulsion qu'ils ont donnée au monde, par les arts, ne s'est conservée que par quelques débris d'Astronomie, qui nous viennent de la Colonie de Sélinginskoi.

Je n'ai encore que des conjectures à

donner sur le Culte religieux des instituteurs primitifs de la terre ; mais du moins ces conjectures seront philosophiques : c'est-à-dire, qu'elles auront pour base des vérités utiles aux hommes.

L'homme Primordial, dès qu'il peut s'appercevoir qu'il existe, sent qu'il n'existe pas par lui-même ; il demande son père à toute la nature, et le silence de cette nature muette, l'amène aux pieds de l'Ordonnateur des Mondes.

Ce Culte doit être pur, tant que la superstition ne vient pas le dégrader : il faut des siècles, pour que cette matière hétérogène de la superstition se confonde dans le creuset, avec l'or du théisme ; et peut-être des séries de siècles, pour que l'or disparaisse sous l'alliage.

L'œil de l'homme aime à se fixer, même dans le Culte le plus sublime, sur des objets sensibles ; et voilà le premier pas qu'il fait vers le polythéisme.

Après un très-grand nombre de siècles, consacrés au culte le plus pur, l'homme Primitif du Caucase, parut se faire peuple; il ne voyait rien au tour de lui, qui lui exprimât mieux la grandeur de l'Etre suprême, que cette mer sans bornes, qui entourait sa demeure, et ce soleil, dont les feux générateurs fécondaient la nature; et après avoir commencé par admirer Dieu dans le soleil et dans l'océan, il finit par adorer l'océan et le soleil.

Je trouve des vestiges de ce culte ancien du feu et de l'eau, dans toutes les histoires des Nations qui se sont dites autochtones; mais il faudrait un volume entier, pour en rassembler les preuves, ce qui me réduit au silence.

Je me contenterai d'observer que ce culte des deux premiers élémens, s'est conservé chez les plus anciens Peuples connus des environs du Mont-Caucase.

L'eau et le feu étaient les divinités du

premier ordre, chez les Scythes et chez les Perses ; le feu sur-tout, qui, suivant les peuples de l'Asie, semblait l'ame de la nature. Les Orientaux placent les premiers autels connus, dressés à cet élément, ou les premiers Pyrées, sur les montagnes de l'Adherbigean.

Si le Culte de l'eau s'est soutenu moins long-tems sur le Globe que celui du feu, la raison en découle naturellement de nos principes ; c'est que l'océan ayant abandonné la patrie primitive des hommes, ils furent bien moins frappés de l'immensité de son étendue. Un être qui diminuait ne leur parut plus digne de partager leurs autels, avec l'astre qui lançait toujours les mêmes torrens de lumières dans les déserts de l'espace.

L'unique dogme religieux qui se perde dans la nuit des tems, et que les Scythes parent tenir du Peuple Primitif du Caucase, est celui que le Monde, déjà renouvellé par un déluge, le serait de nouveau par un embrâsement ; ce dogme donna naissance à un cantique célèbre, dont le Philosophe Ménippe fait mention, et qu'on nomma la *Conflagration de l'Univers*.

D'après ce petit nombre de faits et de conjectures, il est aisé, quand on connaît la marche de l'esprit humain, de se faire une idée de toute la théologie du Peuple Primitif, par excellence.

J'aurais désiré de ne pas plus parler du gouvernement de la Métropole du Monde, que de sa religion ; mais une curiosité inquiète et active entraîne ma plume ; puisque la terre entière garde le silence sur la cause des chaînes, qui lui ont été imposées sous le nom de loix : il faut que je remonte à l'époque de la liberté des hommes, pour deviner celle de leur esclavage.

L'homme, ainsi que je l'ai dit dans un autre ouvrage, est libre, sans doute ; sa

pensée indépendante s'élève au-dessus des
chaînes de la loi, et des chaînes de l'opinion ; c'est le cri de la nature : il ne saurait
être étouffé, ni par les poignards des tyrans,
ni par les sophismes de l'apôtre de l'esclavage.

Mais l'homme n'est libre, que du moment où il peut se suffire à lui même ; c'est
dans l'âge de sa maturité, c'est lorsque toutes
les portes du monde moral s'ouvrent devant lui, qu'il peut y entrer armé de toute
son indépendance : que lui servirait d'être
libre, lorsque son intelligence est encore
enveloppée des langes de l'enfance, ou
lorsqu'elle n'habite plus que les ruines de
la décrépitude ? La liberté n'est point un
bien, quand elle ne mène qu'au suicide.

Puisque l'homme dans l'enfance, ou qui
y est retombé, ne peut marcher dans la carrière de la vie, sans s'exposer à faire des
chûtes, il faut que la société forme, avec la
loi, les lisières qui le retiennent ; voilà la
première origine de notre dépendance.

Mais si l'enfant et le vieillard sont forcés, par leur faiblesse, à dépendre d'une volonté générale, l'homme fait, qui a la sagesse de se défier de sa force même, ne doit pas non plus dérober sa tête à un joug qui assure sa félicité.

L'homme qui est parvenu au développement entier de ses organes et à la maturité de sa raison, ne se suffit à lui-même, que quand, borné au soin de se conserver, il se résout à vivre seul, et à n'avoir de commerce qu'avec sa pensée et la nature; dès qu'il a besoin des biens d'opinion, il devient un être social, et alors il perd son indépendance.

Il est évident que l'homme, qui est fort contre une nature muette et sans armes, ne l'est point contre ses semblables; il faut donc que l'individu soit protégé par la force générale, et la protège à son tour: cette force générale est la loi; le pouvoir qui la met en vigueur est le gouvernement.

Les Jurisconsultes ont fait des volumes énormes, pour rechercher quel avait été le premier des gouvernemens ; le problème est résolu en deux lignes, quand on le propose à un philosophe.

La faiblesse des enfans a besoin d'être protégée par la force des pères ; ces pères devenus faibles à leurs tour, ont besoin d'être protégés par leurs enfans ; ainsi c'est dans le sein d'une famille, qu'il faut chercher le principe politique du pouvoir.

En général, on peut affirmer que le premier Souverain a été un chef de famille.

Mais il en est des familles, dans l'espèce humaine, comme des individus ; la force de ces petites sociétés cesse, quand elles se trouvent en opposition ; pour mettre l'équilibre entr'elles, il faut qu'elles s'unissent ; cette union des chefs de famille est le principe des Républiques.

Plus le nombre des familles augmente,

plus les intérêts des chefs se croisent ; la jalousie s'allume : l'ambition s'éveille : le Peuple se partage : enfin le plus adroit, ou le plus heureux l'emporte : il annonce, au milieu de son triomphe, qu'il protégera la République, et ce protecteur d'une République est un Roi.

Lorsque la violence a fait un Roi, il faut que la violence le soutienne ; de-là les abus du pouvoir ; on n'est plus fort par son Peuple, mais contre son Peuple ; on force la grande famille, dont on se dit le père, à gémir, et on la punit ensuite de ses gémissemens.

« Un tyran ne dort jamais d'un bon sommeil ; il s'écrie, dans ses rêves inquiets, à l'aspect de la vengeance, et son effroi l'appelle ; la révolution se médite, se propose, et se consomme dans un instant ; je parle, et déjà le trône n'est plus.

Si ce sont des hommes puissans qui ont conjuré, la Monarchie fait place à l'Aristocratie ; si s'est la multitude, c'est la Démocratie qui la remplace ; ces formes de gouvernement subsistent, jusqu'à ce que l'audace de l'Aristocrate, ou l'impéritie du Démocrate, ramènent les Peuples de nouveau aux pieds d'un Monarque.

Tel est le cycle de révolutions que subit, d'ordinaire, un gouvernement, quand la volonté générale n'est pas corrompue ; car, quand elle le devient, on ne saurait la guérir radicalement que par la conquête.

On me croit peut-être éloigné de mon sujet ; on se trompe : je n'ai pu parvenir à établir cette chaîne de principes politiques, qu'en méditant sur l'Histoire Primitive du Caucase.

Ces hommes Primitifs, qui ont un culte, des Souverains et des loix, doivent avoir aussi des arts ; car tel est le progrès naturel de la civilisation ; mais pour désigner quels sont ceux que leur industrie a fait naître, et jusqu'à quel degré ils y ont excellé, la simple raison est trop impuissante, et l'histoire nous demande des monumens.

Cette réflexion me conduit à l'antique Prométhée; Eschyle, qui, comme Homere et tous les grands poëtes de l'antiquité, s'attache toujours à peindre les mœurs et le caractère de ses héros, fait parler ainsi ce législateur du Caucase.

« Apprenez ce qu'étaient autrefois les
» mortels: apprenez, comment de faibles
» et d'ignorans qu'ils étaient, je les ai
» rendus forts et intelligens.... Ils voyaient,
» mais ils voyaient mal; ils entendaient,
» mais ne comprenaient pas; êtres frivo-
» les, semblables à des songes légers, ils
» confondaient tout: ils ignoraient l'art de
» bâtir des maisons: tels que d'avides in-
» sectes, ils se creusaient, sous la terre, des
» cachots obscurs. La froidure des hyvers,
» les fleurs du printems, les moissons de
» l'été, ne leur apprenaient point à distin-
» guer les saisons: ils faisaient tout sans

» discernement. Je leur fis connaître le
» lever des astres et leur coucher, qu'il est
» si difficile de remarquer. Je leur enseignai
» la science admirable des nombres, et la
» liaison des lettres : je formai en eux la
» mémoire..... J'accouplai les animaux
» sous le joug; esclaves de l'homme, ils
» succédèrent à ses travaux. J'accoutu-
» mai les coursiers au frein : je les attelai
» à des chars pour servir au luxe. Per-
» sonne, avant moi, n'avait inventé ces
» chars ailés qui volent, à l'aide des vents,
» sur la vaste plaine des mers..... Mais ce
» n'est là que la plus légère partie de mes
» découvertes.... Les humains, dans leurs
» maladies, ne recevaient aucun secours; ils
» n'avaient ni boisson ni essences, qui
» pussent les soulager : je leur ai appris à
» mêler ensemble des sucs et des herbes
» salutaires pour opérer leur guérison. J'ai
» mis de nouvelles règles dans la science de
» la divination ; c'est moi qui, le premier,

» ai distingué, dans les songes, ce qu'ils ont
» de vrai : j'ai montré ce qu'il y avait de
» plus difficile à discerner dans les pré-
» sages : j'ai expliqué le vol des oiseaux ;
» c'est par ces instructions que j'ai guidé
» les mortels dans les routes tortueuses
» d'un art divin....... Quant à ces biens,
» dont la possession est si avantageuse aux
» hommes, mais qui étaient ensevelis dans
» le sein de la terre, tels que l'airain, le
» fer, l'or et l'argent, qui se vantera de les
» avoir découverts avant moi ? C'est à
» Prométhée, en un mot, que la terre
» doit toutes les sciences et tous les arts
» dont elle s'honore ».

Ce n'est point sur un pareil monologue qu'on pourrait écrire une histoire de l'esprit humain, chez les instituteurs des hommes ; quoiqu'Eschyle ait bâti sa fable dramatique sur d'antiques traditions, il est évident qu'il a réuni ici plusieurs siècles, et peut-être plusieurs Prométhée : mais parmi cette foule d'arts, que le poëte fait passer en revue, on ne peut s'empêcher de s'arrêter un instant sur celui de la navigation, art qui remonte bien plus haut, qu'on ne le pense chez les peuples du centre de l'Europe, qui n'ont aucune idée de la retraite de l'océan, et qui s'imaginent que le Globe a toujours été, tel qu'il est figuré sur les Cartes de leurs géographes

L'homme Primitif, entouré de tout côté de la mer, a dû, après s'être apprivoisé avec la fureur des vagues, tenter de se soumettre cet élément : comme l'onde était toujours à sa portée, il lui était aisé de multiplier ses expériences, jusqu'à ce qu'entraîné par une curiosité inquiète et active, il parvint à se former sur l'océan, une demeure flottante, et à mettre, comme le dit Juvenal, l'intervalle de quelques pouces entre lui et la mort.

En général, on ne sauroit douter que la navigation n'ait été tentée d'abord par des Insulaires : or l'homme primitif habitait, comme nous l'avons vu, l'isle du Caucase.

Il pourrait se faire que le desir de secouer le joug du despotisme, eût hâté encore la découverte de la navigation, l'industrie qui rampe, quand l'homme se familiarise avec ses chaînes, prend des ailes, quand il veut être libre ; les vagues irritées et les tempêtes ne sont rien pour le Républicain audacieux, qui ne veut que s'élancer au delà de sa prison ; ainsi le despotisme aurait rendu l'homme Primitif navigateur, et c'est peut être l'unique bien qu'il ait fait au monde.

Dans la suite, quand les pères des hommes se partagèrent, et qu'une partie devint un peuple Nomade, les hordes errantes furent souvent arrêtées par des bras de mer qui baignaient les gorges des montagnes ; il fallut les traverser ; peu-à-peu l'art se perfectionna et enfin on osa se fier à des mers inconnues, sur la parole d'un pilote et sur la foi des étoiles.

On

On ne sait à quelle époque le peuple Primitif du Caucase navigua dans l'Asie pour la peupler. Il est certain qu'une de ses Colonies, sous le nom de Scythes, pénétra sur le Plateau de la Tartarie, et que cette Colonie a été depuis anéantie, ainsi que la Métropole ; mais n'anticipons point la série naturelle des événemens : le mont Atlas a dû être peuplé avant le Plateau de la Tartarie; ainsi la scène va changer, et c'est en Afrique que je vais conduire la première Colonie de la première des Métropoles.

DE LA COLONIE
DES ATLANTES
ÉTABLIE SUR LES HAUTEURS DE L'AFRIQUE.

A mesure que je m'éloigne des tems qui touchent au berceau du monde, les nuages répandus sur les premières époques s'éclaircissent: les faits succèdent aux hypothèses, et l'histoire du genre humain, peut avoir d'autres lecteurs que les Philosophes.

Obligé, par la nature de cet ouvrage à le commencer par des conjectures, je me hâte de les remplacer par des probabilités; et j'arriverai peut-être bientôt à des monumens historiques, dignes de fixer la croyance de l'Europe.

Nous avons laissé le Peuple Primitif répandu le long de la Chaîne du Caucase ; mais trop resserré encore dans cette prison immense, il tente de franchir son enceinte ; les plus audacieux de ses navigateurs, cherchent, au travers d'une mer inconnue, des terres dont ils soupçonnent l'existence, et ils abordent en Afrique.

Cependant, comme il y aurait de la témérité à conduire ainsi, du Caucase au mont Atlas, des navigateurs qui n'avaient peut-être, ni le génie de Colomb, ni sa boussole, il faut voir s'il n'y aurait point entre ces deux contrées, séparées autrefois par un vaste intervalle de mers, quelques isles intermédiaires, qui pussent servir de point de repos à la première Colonie des hommes Primitifs.

Nous avons vu que la Chaîne de l'Atlas se prolongeait, dans toute l'étendue de l'Afrique, jusqu'à la mer Rouge ; mais de la côté Africaine de cette mer, jusqu'à la partie du Caucase, qui lui correspond du côté de l'Asie, le trajet est immense ; ne pourrait-on pas soupçonner que les pères des hommes rendirent cette navigation praticable, en s'arrêtant sur les hauteurs de la Syrie ? Je ne sais si je me trompe, mais il me semble que l'ancienne tradition se concilie assez bien avec la théorie du Globe, pour autoriser à cet égard mes conjectures.

La Syrie est un vaste pays de montagnes qui se divisent en plusieurs branches, et s'étendent jusques dans le Nord de la Palestine; les principales sont le Liban, si célèbre par ses cèdres, et l'Antiliban, où le Jourdain prend sa source.

Le Liban, beaucoup plus élevé à cette époque que nos Alpes et nos Pyrénées, forme une des plus hautes montagnes du Globe; les vaisseaux qui naviguent dans la Méditerranée, en apperçoivent la cime, toujours couronnée de neiges, à plus de cinquante milles en mer. L'Antiliban, ainsi appellé, parce que sa situation correspond presque toujours à celle du Liban, s'élève auprès des ruines de l'ancienne Sydon, et va se terminer à d'autres montagnes de l'Arabie. Ces Chaînes sont figurées comme un double triangle, dont les deux bases regarderaient la mer; elles ont chacune environ cent lieues de circonférence.

Il étoit bien aisé, sans doute, au Peuple Primitif de pénétrer dans la Syrie, puisque l......... ...., qui semble détaché du la .... Caucase, qu'on connaît sous le .... de Taurus, a une branche qui communique jusqu'à l'embouchure de l'Oronte. Or, on sait que l'Oronte est le seul grand fleuve de la Syrie, et que, dans son vaste cours, il embrasse les Chaînes du Liban à l'Orient, et au Septentrion.

Et quelles traces mémorables, n'a pas laissé, dans les histoires Syriennes, ce passage du Peuple Primitif sur l'ancienne isle du Liban?

Je trouve sur le Liban, la première ville bâtie sur la terre, s'il en faut croire l'historien Josephe, qui, en général, est véridique, quand son patriotisme aveugle ne se change pas en religion.

C'est-là qu'était l'antique Byblos, que Sanchoniaton le plus ancien des historiens, fait fonder à Saturne, un des Patriarches des Atlantes.

On prétend qu'auprès de la capitale de la Syrie, se trouve un vallon appellé le champ de Damas, formé, suivant quelque savants, de la terre vierge qui servit au Jéhovah des Hébreux à organiser le premier des hommes.

Quelqu'idée que la philosophie se forme du champ vierge de Damas, il est certain, qu'on ne peut faire un pas dans la Syrie, sans y rencontrer les vestiges d'une des plus anciennes populations de l'univers.

On s'attend peut-être, que parvenu à l'époque de cette première émigration du Peuple Primitif du Caucase, je vais le faire partir de la Chaîne du Liban, pour se répandre dans toutes les contrées limitrophes, et devenir ainsi la tige des Phéniciens, des Egyptiens et des Arabes ; mais le moment n'est pas encore venu, de peupler les plaines du Globe. Je suis l'Océan aux traces de sa retraite, et il n'a pas encore abandonné le pied des montagnes.

La Colonie arrivée au Liban, et delà à l'Antiliban, a pu, en suivant la direction de cette dernière Chaîne, parvenir, comme nous l'avons déjà dit, jusqu'aux montagnes de l'Arabie. La voilà donc aux bords de la mer Rouge, et par conséquent, à une petite distance du mont Atlas ; le Détroit est bientôt franchi par cette jeunesse ardente, pour qui la navigation est devenue un besoin national, et le Peuple Primitif entre en Afrique.

Il ne faudrait pas s'effrayer ici de ce soleil brûlant de l'Afrique, qui n'accélère dans les êtres animés, le développement de tous les principes générateurs, que pour en accélérer la dissolution ; d'abord la Chaîne de l'Atlas ne s'étend guères au-delà du Tropique du Cancer, ainsi il y a presque toujours un intervalle de cinq cens lieues, entre la Colonie Nomade et l'Équateur ; de plus, à l'Équateur même, il fait très-froid sur les grandes hauteurs du Globe, comme on peut en juger par les Cordillières et par les pics des montagnes des isles de la Sonde et des Maldives ; il n'y avait donc point de Zône Torride pour le peuple qui traversait la Chaine de l'Atlas.

La seule contrée Africaine, située entre le Tropique et la Ligne, où les Atlantes primitifs ont pu pénétrer, est l'Abyssinie. Or, on nous la représente comme un pays hérissé de montagnes, d'une hauteur prodigieuse, et de rochers taillés en pics ; encore aujourd'hui, tandis qu'un été brûlant est au pied de ces rochers, l'hiver est sur leur cime ; ce n'est donc pas le soleil de l'Afrique qui a pu mettre des limites à la marche des hommes primitifs.

Il n'est point inutile d'observer ici, qu'on trouve, dans cette Abyssinie, des vestiges authentiques d'un ancien séjour de la mer sur sa surface; ce sont des montagnes entières de sel fossile. Ses peuples conservent aussi les mœurs des antiques Nomades, qui s'y établirent dans les premiers âges; ils n'ont point de villes, et depuis le Négus qui les gouverne, jusqu'au dernier des esclaves, presque tout le monde habite sous des tentes.

Cette Ethyopie même, qui ne semble qu'un vaste désert de sables, a pu recevoir sur ses hauteurs, une Colonie des hommes Primitifs; elle a, dans son sein, les monts de la Lune, séparés par une légère distance des montagnes de l'Abyssinie; c'est probablement dans cette partie des déserts Ethyopiens, qu'il faut placer les hommes de six pieds, dont parle Pline, faible reste de la race de géans, qui sortit primitivement du Caucase pour peupler l'univers.

On trouve encore plus de traces de la marche de notre première Colonie, dans la partie Septentrionale de l'Afrique ; c'est de la Libye que sortit, comme nous le verrons dans la suite, Neptune, un des héros de l'antiquité historique, et celui à qui on dût probablement la découverte de l'Atlantide de Platon.

Il y a aussi, dans la Chaîne de l'Atlas, un peuple issu d'une race d'Africains, dont l'origine se perd dans les ténèbres de l'antiquité; on les nomme Berbers; c'est surtout dans les montagnes de Maroc et dans les hauteurs de Zaara qu'on les rencontre. L'Africain des plaines ne ressemble, ni par la taille, ni par le courage, à cet Africain des montagnes.

Le Peuple Primitif a laissé des traces de son passage en Afrique, depuis la mer Rouge jusqu'à l'océan Occidental ; il a même donné le nom de 'Atlas, sa nouvelle patrie, à cette mer, dont l'immensité semblait être une barrière éternelle à de nouvelles migrations.

Quand cette Colonie du Caucase vit ses domaines s'étendre par la retraite de l'océan, elle descendit de ses hauteurs pour peupler toute cette partie de l'Afrique, que baigne aujourd'hui la Méditerranée. C'est alors que les peuples de la Syrie, de la Phénicie et de la Haute-Égypte, prirent naissance; c'est alors que Neptune parut enlever l'Atlantide à la mer; c'est alors que les ancêtres des Grecs purent résister aux conquérans qui succédèrent à ce héros des Atlantes, et briser ainsi ce torrent impétueux, qui menaçait d'engloutir leur Archipel.

Mais lorsque le Peuple Primitif de l'Afrique put descendre dans les plaines, et envoyer des Colonies dans les isles de notre Méditerranée, il y avait long-tems que la Métropole du Caucase avait envoyé un de ses essaims dans les plaines fécondes de l'Inde de la Perse et de la Chaldée. L'Asie a été peuplée avant l'Afrique et l'Europe; cette Asie est vraiment le berceau du monde dans toutes les histoires et dans toutes les religions.

A l'époque de la population des rives de l'Indus et de l'Euphrate, les Colonies du Caucase vivifiaient la grande Peninsule de l'Arabie. Cette Arabie qui se glorifie d'une liberté qui remonte au berceau des âges, qui a eu des Poëtes et des Loix, lorsque nous n'existions pour la nature animée, que par les pics de nos montagnes : qui montre avec orgueil, dans sa Kaabah, le plus ancien édifice de l'univers.

Et avant la population de cette Arabie, la plaine la plus haute de nos trois Continents, le grand Plateau de la Tartarie était devenu la demeure du Peuple instituteur de l'Orient. Ne rompons donc pas le fil des événemens, et faisons précéder l'histoire des races qui existent, par celles des races qui ne sont plus.

DU PEUPLE ANTÉRIEUR

QUI A VIVIFIÉ
LE PLATEAU
DE LA TARTARIE.

Nous avons vu que le Peuple antérieur, avant de se propager sur les hauteurs convexes du Globe, avait dû peupler ses hauteurs pyramidales: voilà pourquoi la Métropole du Caucase, et la colonie de l'Atlas, ont pu avoir des historiens, avant que la grande isle, formée par le Plateau de la Tartarie, pût élever sa tête au-dessus des vagues de l'Océan.

Ce Plateau de la Tartarie, où nous abordons enfin, tient avec la patrie des instituteurs du genre humain, par une prolongation du Caucase ; et il est nécessaire d'en donner quelques preuves de détail, pour ne laisser aucun nuage sur cette partie de l'histoire du Monde Primitif.

En général, notre géographie moderne ne donne pas, dans ses Cartes, une idée précise de cette bosse énorme de la terre, qui paraît soutenir la charpente de l'Asie. Le savant qui a commenté le Tartare Abulghazi, est le seul qui ait voyagé sur cette partie du Globe en philosophe, et nous allons profiter de ses découvertes.

Le Caucase commence, vers le Nord à la Mer Glaciale, vis-à-vis le Détroit de Nassau, et de la Nouvelle Zemble : il s'étend directement du Nord au Midi, jusqu'à sa jonction au Volga, de l'autre côté de la ville de Samara, où il prend le nom d'Arall-Tag ou de montagne des Aigles ; alors il tourne à l'Est-Sud-Est, entre la Sibérie et la grande Tartarie, et s'abaisse par degrés, de manière qu'ils ne forme plus que des côteaux, quand ils arrive au Nord du Turquestan. Cette Montagne-mère, toujours dans son état de dégradation, atteint le cinquantième degré de Latitude, et le quatre-vingt-treizième de Longitude. Là elle se relève avec avantage, et se partage, au Nord-Est de la mer Caspienne en deux branches, qui sont la grande Chaîne, qu'on appelle dans le pays Uluk-Tag, et la petite Chaîne qu'on nomme Kitzig-Tag.

La grande Chaîne commence proprement à la rive Orientale de l'Irtich, au Nord du lac Saissan : elle cotoye le fleuve Selinga, jusqu'à son embouchure dans le lac Baïkal, revient gagner la rive Septentrionale de l'Amur, aux environs de Narsinskoi, et suit son cours, jusqu'à ce qu'il se jette dans la mer du Japon.

La petite Chaîne, prend sa naissance au Nord de la rivière de Sirr, sert de frontière à la grand Bucharie, arrive dans la même direction au Sud des sources du Jenisei, tourne au Sud-Est, et va gagner ensuite les frontières de la Chine, vers le quarantième degré de Latitude ; elle suit ensuite la grande muraille de cet Empire, jusqu'à la province de Léoo T n ; là, elle fait un coude au Nord Est, et vient aboutir, comme la grande Chaîne, au bord de la mer du Japon.

On voit, par ces notions géographiques, que ces deux branches du Caucase renferment tout l'ancien patrimoine des Tartares, et combien il était aisé au Peuple Primitif de s'y répandre, avant que la Colonie des Montagnes d'Afrique, devenue Métropole à son tour, pût envoyer ses Citoyens, devenus trop nombreux, peupler l'Archipel de la Grèce, l'Italie et l'Europe.

Le Plateau de la Tartarie, qui nous occupe particulièrement, est un vaste terrain de 600 lieues de circonférence, où les plus grands fleuves de l'Asie prennent leur source, tels que l'Oby, l'Irtiz, la Léna et le Jenisei, qui vont se rendre à la Mer Glaciale ; l'Amur, qui porte ses eaux dans celles du Kamsatka

Kamsatka et le Hoango, ou le fleuve jaune de la Chine, qui a son embouchure dans celle du Japon.

Depuis que le despotisme Chinois a permis à des étrangers d'être Astronomes, des Missionnaires, partis de Pékin, ont été mesurer cette hauteur prodigieuse du Plateau de la Tartarie. On a porté des baromètres sur les plus grandes élévations du Pays des Mongales, et on s'est apperçu que le mercure y descendait aussi bas que sur la cime du Mont Saint Gothard ; il y a une de ces hauteurs, que l'Empereur Cang-Hi voulut reconnaître lui même; il y parvint après six jours de marche, où il monta toujours; il fallait que cette Montagne ne fût point taillée en pic, comme le Mont Blanc ou les Cordilières, puisque le Prince y arriva avec une suite de soixante mille fantassins, et de cent mille chevaux. Le Mathématicien Verbiest, qui accompagnait Cang-Hi, calcula la hauteur précise de cette convexité, et il trouva qu'elle avait trois mille pas géométriques, ou une lieue d'élévation au-dessus de la mer la plus proche de Pékin.

La Colonie primitive, descendue des Montagnes sur cette convexité de l'Asie, dut ne point regretter la Patrie, que son excessive population l'avait contrainte d'abandonner : ce Plateau de la Tartarie est encore un des plus beaux climats du monde; l'air y est dégagé de toutes ces émanations mal-saines que produit dans nos vallées la fange des marais; le nitre, renfermé dans les entrailles de la terre, les vents constans qui en rafraîchissent la surface, tout concourt à tempérer les ardeurs du soleil, qui devrait avoir la plus grande activité à une pareille latitude; aussi, la nature y a déployé, en tout tems, sa vigueur et sa fécondité; le Philosophe s'en apperçoit encore aujourd'hui par les végétaux, et il regrette que quelquefois le manque d'eau, et plus souvent la disette d'hommes, empêche cette belle contrée d'être ce qu'elle était probablement dans l'origine, c'est-à-dire, le jardin de l'Univers.

L'antique Colonie du Caucase, pleine de vigueur, sur-tout à l'époque où je la place, ne dut donc point dégénérer sur le sol de la Tartarie. Si elle subit quelque dégradation, c'est celle qu'elle partage avec l'espèce humaine, qui, éprouvant toutes les vicissitudes du Globe qu'elle habite, doit avoir, comme lui, un âge d'adolescence, un de maturité, et un autre de décrépitude : mais cette dégradation, ouvrage successif d'un grand nombre de siècles, qui s'entassent les uns sur les autres, ne s'opérant qu'avec lenteur, ne doit s'appercevoir que par la raison, lorsqu'elle se replie sur elle-même. Ainsi, supposé qu'on trouve sur le Plateau de la Tartarie, des Peuples dont la taille petite et la figure difforme, contraste avec celle de leurs voisins, il faut en conclure que cette race d'hommes mal organisés, ne descend point en droite ligne des hommes Primitifs.

Il y a eu un Khan des **Tartares** Usbeks, nommé Abulghazi, qui écrivit autrefois une histoire de son Pays ; mais ses Contemporains n'étaient pas assez philosophes, pour qu'il osât impunément leur dire la vérité : aussi ses origines Tartares ne sont que le Pentateuque, dégradé par sa conciliation avec le Coran ; on en peut juger par ce fragment.

« Quand Dieu, dit-il, eut résolu de créer
» Adam, il envoya l'Ange Sabraïl sur notre
» Globe, pour prendre un peu de limon-
» vierge; la Terre s'y opposa, parce qu'elle
» prévoyait la désobéissance de l'homme,
» et l'Ange revint porter au trône de l'É-
» ternel ses remontrances : trois autres An-
» ges, envoyés à la place de Sabraïl, se
» laissèrent encore pervertir par l'éloquence
» séduisante de la Terre; enfin Gabriël vint,
» tint ferme, et emporta le limon-vierge :

» le lieu où il descendit, est celui où depuis
» la Mecque fut bâtie.

» Adam étant créé, Dieu le laissa trente-
» neuf jours sans vie, et il ne l'anima que
» le quarantième. Ce Père des hommes
» vécut mille ans, et vit quarante mille de
» ses descendans ».

Abulghazi suit à-peu-près la généalogie des Patriarches, telle qu'elle est dans la Genèse, jusqu'à Turk, fils de Japhet, qu'il envoie sur le Plateau de la Sibérie, peupler les bords du Jaik et du Volga, au Nord de la mer Caspienne. La vanité nationale perce aisément dans cette généalogie : aussi ne sera-t-elle jamais adoptée que dans les Mémoires d'une Académie de Samarcande.

Abulghazi ne paraît vraiment instruit des Annales de son Pays, que depuis le siécle de Gengiskan : c'est alors que les fables Musulmanes s'épurent, en passant par le creuset de l'Histoire ; alors les Tartares fixent les regards du monde, et ce l'euple dévastateur mérite d'avoir un Tite-Live.

Mais les ancêtres des sujets de Gengiskan, ne furent jamais un Peuple indigène : les vautours ne sont pas nés dans le nid des colombes ; et si on les y rencontre, c'est qu'ils ont usurpé la demeure de leurs victimes.

Je suis encore loin de regarder comme la postérité de la seconde Colonie du Caucase, cette race d'hommes petits et tigrés, qu'on trouve de tems-en-tems sur le Plateau de la Tartarie et à Crasnoyar, vers le fleuve Jenissei ; malgré la tradition, qui en fait un Peuple autochtone, on peut lui contester jusqu'à son antiquité. La nature, quand elle est dans sa vigueur, ne fait ni des hommes-pies, ni des pygmées, et sur-tout ne les place pas auprès des plus belles races qui existent sur notre Globe, entre les Persans et les Géorgiennes.

La taille des ancêtres de ces Tartares

pies, s'est probablement rapetissée dans leur séjour près du Pôle, comme celle des Lapons ; pour les taches colorées, dont leur corps est couvert, il est probable qu'ils les doivent à des alimens putrides, qui ont vicié la masse de leur sang ; ces taches sont une espèce de lèpre, qu'un Peuple Ichtyophage aura acquise, et qu'il aura transmise à sa postérité.

Pour les Tartares Nomades, qui occupent maintenant la grande montagne convexe de l'Asie, ils sont plus modernes qu'on ne l'imagine communément en Europe ; ceux qui remontent le plus haut, les Kalmouques, paraissent avoir conquis le pays qu'ils occupent, sur les anciens Medes et sur les premiers Perses. La langue du Peuple conquérant et celle du Peuple subjugué, se confondirent alors, comme c'est l'usage : et des voyageurs philosophes, ont trouvé des vestiges de ce mélange.

Les Tartares mêmes du Tibet ne jouissent

peut-être pas du privilège d'être une de plus anciennes Nations civilisées de l'Asie : il est sûr qu'ils tiennent leur culte des Indiens ; leurs Lamas ne sont que des Brames. Les Tartares, en général, n'ont paru sur la scène du monde qu'en Conquérans ; ce qui démontre qu'ils ne sont pas originaires du pays qu'ils habitent Ce sont des cadets de la grande famille des hommes, qui sont venus à mains armée envahir l'éhritage de leurs ainés : et qui, maîtres de leurs titres, se sont approprié leur droit d'ainesse.

Il est difficile de déterminer avec précision d'où venait ce Peuple usurpateur : on connait toujours plus mal les repaires d'où sortent les tigres, que les parcs où l'on renferme les agneaux ; tout ce qu'on peut soupsonner dans une matières aussi conjecturale, cest que nos Tartare sont issus d'une horde de Peuples Nomades devenus sauvages, qui retirés aux extrémités du Globe, pour fuir les hommes, y ont subi une dégradation nécessaire, dans des climats si peu favorisés de la nature; après un intervalle de plusieurs siecles, l'instinct social qui n'est jamais entiérement étouffé, même dans les sauvages, aura fait entendre sa voix; les individus isolés se seront rapprochés, et le peuple dégénéré se trouvant trop à l'étroit au Nord de l'Asie, aura reflué vers le centre, Pour se créer une nouvelle patrie sur les ruines de celle de la colonie du Caucase.

On ne sauxait se dissimuler, que ces hordes dégénérées ne soient la tige des Skrelingres, qui sortis du Nord de la Tartarie, ont pénétré au-de-là du Cercle Polaire, et retardé de plusieurs siecles l'établissement des colonies Danoises en Norwege.

Ce serait ici le lieu de parler de la religion, des loix et des arts du Peuple Primitif Tartare qu'on a anéanti; mais les origines de tout sont perdues pour nous : le tems a déchiré les premiers feuillets de toutes les histoires, et sur-tout de celle qui traiterait des progrès de l'esprit humain.

Le culte des Lamas de la Tartarie est certainement une des plus anciennes religions du Globe : il s'était propagé en Asie de tems immémorial, le législateur Xamolxis le professait plusieurs siecles avant Hérodote ; il domine encore au Tibet, chez les Mongales, le long de le Sibérie, dans les deux Bucharies, à Cachemire, à la Chine et dans l'Indostan : ainsi il a envahi presqu'un quart de la terre ; mais ce culte n'est pas assez pur pour toucher au berceau du genre humain.

Ce Dieu Xaca, né d'une vierge, il y a près de quatre mille ans, ce grand Lama qui ne meurt jamais, ces cent soixante milles Vicaires du demi-Dieu, qui vivent du commerce de ses sachets, n'ont presque rien qui les rapproche du culte simple et sublime, que la nature semble avoir donné au Peuple indigène du Caucase.

Les Prêtres de la religion Lamique tiennent leurs dogmes des Brames, qui avaient déja prodigieusement altéré le culte des hommes Primitifs ; il est donc aussi impossible de juger par les fables sacrées du Tibet, de la religion de Peuple indigène du Plateau de la Tartarie, que de l'ancien théisme du Globe par les Fastes d'Ovide.

Le gouvernement de cette nation pacifique, est encore enveloppé dans la nuit la plus profonde; je conjecture seulement que c'était, à l'époque de la conquête, une Monarchie modérée; et ce qui m'induit à le croire, c'est qu'elle avait des arts, et qu'elle a été si aisément exterminée : ce sceptre des arts que la colonie du Caucase a tenu quelque tems en Asie ; annonce que le souffle brûlant du despotisme n'y avait pas étouffé le génie dans son germe. Cette destruction facile et rapide indique qu'on n'y trouvait aucune trace de ce patriotisme, qui fait l'ame des Républiques.

Les mœurs douces des antiques habitans du Plateau sont plus aisées à reconnaître en Asie; c'est un héritage qu'ils semblent avoir transmis, sur-tout aux Chinois, et au Peuple de l'Indostan; pour le génie sauvage de leurs destructeurs, il respire encore tout entier dans les Hordes conquérantes qui habitent aujourd'hui le Plateau de la Tartarie.

Ces Tartares, le modele des conquérans, c'est-à-dire, des vautours de l'espece humain, ne se sont jamais répandus sur le Globe, sans y laisser des traces sanglantes de leur passage; jusqu'à la derniere conquête de la Chine, ils n'avaient paru dans cet Empire que pour le dévaster; les annales de la Perse sont pleines des monumens de leurs brigandages; il est probable qu'ils ont fait naitre dans l'Asie l'idée d'Arimane, de ce génie du mal, qui ferait sans pouvoir, s'il était sans victimes.

La plus grande blessure que les Tartares destructeurs aient faite au genre humain, est d'avoir anéanti la race pacifique qu'ils subjuguerent; ils auraient bien voulu anéantir aussi les arts et les livres qui déposaient contre leur férocité ; mais il n'est pas aussi aisé d'éteindre les monumens de la pensée de l'homme, que les principes de sa vie; un tyran de la Chine a beau défendre, sous peine de mort, la lecture des Philosophes, un Calife fait en vain chauffer pendant six mois, les bains d'Alexandre, avec la Bibliothèque des Ptolémées, la raison se tait, mais ne meurt pas; les lumières perdent leur activité, mais il en reste toujours assez, pour montrer aux générations futures le visage de leur ennemi, dans toute sa difformité.

Si donc nous pouvons espérer de retrouver le Peuple anéanti, dont une antique tradition nous indique la trace, c'est dans les débris des dsciences et des arts épars en Asie, et que tant de nations possédent encore, mais seulement, en qualité de dépositaires ; ces monumens, tout muets qu'ils paraissent, sont peut-être des gages plus sûrs d'existence que des annales ; du moins ils ne sauraient être dégradés par les préjugés de l'ignorance, ni pervertis par la partialité. Il est vrai que ces débris de nos connaissances conduisent plutôt à un tableau de l'esprit humain, qu'à une histoire des hommes ; mais que pouvons-nous espérer de plus, à un si prodigieux éloignement? et, au défaut des Diodore et des Tacite, ne devons-nous pas être satisfaits de trouver de tems-en'tems sur notre route des Bacon et des Fontenelle ?

Les Tartares possedent malgré eux les débris antiques de la science, qu'ils ont autrefois persécutée ; le tems viendra bientôt de rassembler ces débris ; et toutes les fois que l'Athenes du Plateau nous rappellera l'idée de ses destructeurs, nous mouillerons de nos larmes, la page consacrée à en écrire l'histoire.

DE L'ATLANTIDE

FRAGMENT DE PLATON
SUR CETTE ISLE DU MONDE PRIMITIF.

Un des faits les plus authentiques en, faveur de la tradition générale sur l'existence des Colonies primitives, issues de la Métropole du Caucase, est tiré des notions que la Philosophie et l'Histoire nous ont données, au siècle de Périclès sur l'Atlantide. Platon, à cet égard, ne laisse rien à desirer à l'homme qui cherche à s'éclairer. Deux de ses meilleurs dialogues, le Timée et le Critias, sont consacrés, en partie à cet objet; et comme ces fragmens seront à jamais la base de tous les systêmes sur les Atlantes, il est important de transcrire le plus important;

portant, ne fut-ce que pour empêcher nos lecteurs d'en faire.

Voici le morceau du Timée, où le Disciple de Socrate fonde ses idées sur l'Atlantide.

» Ecoutes, Socrate, un récit très-peu
» vraisemblable, et cependant très-vrai,
» s'il faut en croire Solon, le plus sage
» des sept Sages....
» Le peuple de Saïs.... aime beaucoup
» les Athéniens, parce qu'il a la même ori-
» gine : Aussi Solon, dans le voyage qu'il
» fit en Egypte, fut-il accueilli dans cette
» ville avec la plus grande distinction....Un
» jour que ce grand homme s'entretenait
» avec les Prêtres de Saïs, sur l'Histoire des
» tems primitifs, l'un d'eux lui dit : O So-
» lon, Solon, vous autres Grecs, vous êtes
» toujours enfans : il n'en est pas un seul
» parmi vous, qui ne soit novice dans la
» science de l'antiquité. Vous ignorez ce
» que fit la génération de Héros, dont vous

» êtes la faible postérité.... Ecoutez-moi :
» je veux vous instruire des exploits de
» vos ancêtres, et je le fais en faveur de
» la Déesse qui vous a formés, ainsi que
» nous, de terre et de feu..... Tout ce
» qui s'est passé dans la Monarchie Egyp-
» tienne, depuis huit mille ans, est écrit
» dans nos livres sacrés ; mais ce que je vais
» vous raconter de vos loix primitives, de
» vos mœurs et des révolutions de votre
» pays, remonte à neuf mille ans....

» Nos Fastes rapportent comment votre
» République a résisté aux efforts d'une
» Puissance formidable, qui, sortie de la
» mer Atlantique, avait envahi une grande
» partie de l'Europe et de l'Asie : car, pour
» lors cette mer était guéable. Sur les bords
» était une Isle, vis-à-vis de l'embouchure
» que vous nommez, dans votre langue, les
» Colonnes d'Hercule : On dit que cette Isle
» était plus étendue que la Libye et l'Asie
» ensemble. De-là les voyageurs pouvaient

» passer à d'autres Isles, d'où il leur était
» aisé de se rendre dans le Continent....

» Dans cette Atlantide, il y avait des Rois
» célèbres par leur puissance ; leur sceptre
» s'étendait sur les Isles adjacentes, et sur
» une partie du Continent : Ils régnaient,
» outre cela, d'un côté sur toutes les con-
» trées limitrophes de la Libye, jusqu'en
» Égypte, et du côté de l'Europe jusqu'à
» la Tyrhénie... Les Souverains de l'Atlan-
» tide, fiers de tant de forces, tentèrent de
» subjuguer votre pays et le nôtre : Alors,
» ô Solon, votre République se montra par
» son courage et par sa vertu supérieure
» au reste du monde... Elle triompha des
» conquérans, nous protégea, nous sur-
» tout, qui habitons en deçà des Colonnes
» d'Hercule, et sauva une partie du Globe
» de la servitude.

» Après ce grand évènement, il survint
» d'affreux tremblemens de terre et des
» inondations desastreuses. Alors tous vos

» guerriers furent engloutis dans les abîmes,
» dans l'espace de vingt-quatre heures, et
» l'Atlantide disparut.

» Depuis cette catastrophe, la mer, qui
» se trouve dans ces parages, n'est point
» navigable, à cause du limon qui s'y est
» formé et qui provient de l'Isle submergée.

Ainsi parle le Prêtre Égyptien dans le *Timée*. Le Philosophe, dès les premières lignes, prend soin d'avertir que l'histoire qu'il transmet n'est point une fiction : *écoutes*, dit-il, *ô Socrate* ! un récit très-peu vraisemblable, *et cependant très-vrai* ; ce n'est pas là la marche du Sage qui fait des apologues ; celui-ci tâche de rendre son conte vraisemblable, et il se garde bien d'annoncer qu'il ne l'est pas ; on peut en juger par la fable de Crantor, par le tableau de Cébès et par l'histoire des Troglodytes.

Le Timée, où se trouvent les premières notions sur l'Atlantide, n'est point un poëme épique : c'est un dialogue, à la

manière de Socrate, où l'on se propose
de donner la théorie de l'ame, de faire connaître un Dieu rémunérateur et vengeur, et
de détruire le blasphéme des Athées contre
la Providence. Tous ces objets sublimes
ne prêtent point à la fiction. L'histoire
des Atlantes qui ouvre le dialogue, semble
très-bien liée au fond de l'ouvrage : ce tableau des vicissitudes qui ont changé tant
de fois la face du Globe, ce Peuple heureux, tant qu'il est juste, et que les Dieux
anéantissent quand il cesse de l'être, pré-
parent aux grandes vérités que le philosophe va annoncer aux hommes : il n'est
point besoin ici d'éblouir la multitude par
des prestiges ; l'erreur en ce genre n'est
bonne qu'au législateur barbare, qui veut
tromper ses victimes, et non au philosophe, qui vient rendre à des êtres infortunés les derniers biens qu'on pouvait leur
ravir, Dieu et l'immortalité.

 Observons encore que Platon parlait

dans le plus beau siècle de la Grèce, et aux plus éclairés des hommes; il s'entretenait avec eux des guerres où s'étaient distingués leurs ancêtres, des catastrophes qu'ils avaient essuyées. Athènes, l'Egypte, le monde entier l'auraient démenti sans doute, s'il avait altéré l'antique tradition sur les Atlantes.

Un trait d'histoire fait pour laisser une trace profonde dans la mémoire des hommes, n'est point déplacé à la tête d'un ouvrage destiné à propager le culte de Dieu et de la vertu. Il n'y a rien au fond de plus merveilleux dans le récit de l'Atlantide, que dans celui d'Herculanum, enseveli sous les laves du Vésuve, ou dans la description du désastre de Lisbonne ; et l'on sent combien il eût été aisé à un Tacite ou à un Buffon, s'ils avaient voulu faire des Timées, d'y introduire la peinture pathétique de ces révolutions du Globe arrivées de leur tems : en général des fables sont bien insipides au commencement d'un livre, consacré à établir les vérités éternelles de la nature.

Le Disciple de Socrate, pour achever de convaincre qu'il n'y a dans son récit, ni fiction, ni allégorie, revient sur l'Atlantide, dans son Dialogue de *Critias*; mais, comme ce nouveau fragment traite moins de l'organisation de la grande Isle, que des mœurs et des loix de ses habitans, ce n'est point dans une discussion philosophique qu'il semble devoir trouver sa place. Je sens cependant que l'homme de goût pourra regretter de ne pas venir deux fois au Portique d'Athènes, quand c'est toujours Platon qu'il espère d'entendre.

Je vais d'abord soumettre à quelques réflexions, un texte remarquable de ce Critias, où le Sage dit que dans le partage
» que les Dieux firent de la Terre, Neptune
» eut en partage l'Atlantide ; que ce der-
» nier y trouva une race d'Autochtones,

» qu'Evenor en était le chef, et qu'il se crut
» obligé d'en épouser la fille.

L'invasion de Neptune, d'après ce récit, n'indique donc pas la première population de la grandeIsle du Disciple de Socrate.

Ce Neptune n'était donc pas tout-à-fait un des brigands célèbres des âges héroïques, puisqu'il se crut obligé d'épouser la fille d'Evenor, pour légitimer sa conquête.

On ignore parfaitement comment l'indigène Evenor découvrit l'Atlantide, et c'est parce que Platon l'ignorait, qu'il l'a fait fils de la Terre; il aurait peut-être mieux valu faire l'aveu philosophique de son ignorance.

Quant à Neptune, il sortait de la Libye, où il avait une Souveraineté. Je parlerai plus en détail de la famille de ce Conquérant, en débrouillant le cahos de la généalogie des premiers Atlantes.

Et comme cette généalogie dépend elle-même de la connaissance d'un fragment qui nous reste de la plus ancienne histoire des Phéniciens, je le transcrirai quand je serai arrivé à cette époque.

Il entre, dans mon plan, toutes les fois que je rencontrerai quelque morceau précieux, qui porte le cachet de la plus haute antiquité, de le faire connaître tel qu'il est, soit, afin de mettre le public toujours à portée de juger de tout par lui-même, soit afin que cet ouvrage devienne un vrai monument littéraire, du moins par les richesses étrangères qu'il renferme. C'est dans cet esprit que j'ai traduit le fragment du *Timée*, et que je traduirai, en son tems, ce qui nous reste de Sanchoniaton.

Pour en revenir à ce fragment mémorable du *Critias*, qui renferme, avec celui du *Timée*, presque toutes nos connaissances sur l'Atlantide, il est difficile d'en infirmer l'autorité, sans renverser en même-tems tous les monumens historiques, sur lesquels est fondée la croyance de l'univers.

On me pardonnera peut être plus difficilement quelques observations critiques, sur quelques phrases du texte que je transcris : mais je parle au genre-humain, plutôt que je ne converse avec un grand homme ; et je sens que je dois plus à la vérité, qu'à la mémoire du Disciple de Socrate.

Je prie d'observer qu'ici c'est un Grec qui parle, et non un Prêtre de Saïs, comme dans le *Timée*. Voilà la clef de quelques contradictions apparentes, dans la Géographie des Atlantes.

» Les Dieux partagèrent autrefois la
» terre entr'eux; et l'Atlantide devint l'ap-
» panage de Neptune, il y épousa une
» femme mortelle, et donna quelques do-
» maines de son nouvel Empire aux enfans
» issus de ce mariage.

» Vers le centre de l'Isle, et du côté de
« la mer, on voyait une plaine, dont on ne
» parlait que comme d'un séjour enchanté,

» à cause des richesses qu'y déployait la
» nature ; elle était située à environ cin-
» quante stades d'une petite montagne
» habitée par un de ces hommes qu'on dit
» nés du sein de la terre.

» Événor était le nom de cet Autoch-
» tone ; sa femme s'appellait Leucippe, et sa
» fille unique Clito ; celle-ci étant devenue
» orpheline, à l'âge où elle pouvait sentir
» battre son cœur, Neptune en devint amou-
» reux et l'épousa.

» Ce Dieu éleva autour de la colline
» d'Évenor, un retranchement composé de
» deux élévations de terre et de trois fossés,
» qui les bordaient circulairement, afin
» de rendre ce séjour inaccessible aux
» hommes ; car on ignorait alors l'art
» de la navigation.

(Comment Neptune était-il donc venu dans l'Atlantide ? ô Platon ! Platon ! songez-vous que parmi les enfans qui vous écoutent, il y en a que vous avez rendus philosophes) !

» Il n'avait fallu que l'industrie de
» l'homme, pour executer tous ces ou-
» vrages, Neptune comme Dieu y ajouta
» des embellissemens : il fit jaillir de dessous
» terre, au milieu de cette enceinte, deux
» sources d'eaux, dont l'une était chaude
» et l'autre froide.

(Tout cela, dans la langue de la raison, signifie que Neptune trouva des sources d'eaux minérales, et il ne fallait point de baguette divine pour faire cette découverte.)

» Il ordonna aussi à la terre de produire
» des fruits de diverse espèce, et en grande
» abondance, et la terre obéit à sa voix
» souveraine.

» C'est dans ce séjour paisible que Neptune
» éleva les cinq couples d'enfans mâles et
» jumeaux, qu'il avait eus de la fille d'Evé-
» nor ; quand ils furent en âge de raison, il
» divisa l'Atlantide en dix parties : l'aîné
» eut en partage la montagne fortifiée,

» avec le territoire d'alentour, qui était
» le plus étendu et le plus fertile : on lui
» donna le titre de Roi, et ses frères, quoique
» Souverains d'un Peuple nombreux, se
» contentèrent de celui d'Archontes.

(Voilà une grande isle bientôt peuplée : défions-nous de cette foule d'hommes faits avec la plume de Platon, ainsi que de ceux qui naquirent des pierres de Deucalion.)

Ajoutons à ces notions générales sur le *Timée* et le *Critias*, que Platon n'est pas le seul écrivain qui parle de l'Atlantide ; Homere et Sanchoniaton en font mention ; ils existaient, dans la mémoire des hommes, long-tems avant le disciple de Socrate ; et celui-ci n'a fait que perpétuer la chaine d'une tradition, qui semble marcher sur les siècles, pour arriver à la dernière postérité.

On a même prétendu que l'Ogygie de Plutarque, n'était, sous un nom allégorique,

que l'Atlantide, dont nous annonçons la découverte ; mais il faut être juste, il n'y a aucun rapport d'identité entre ces deux isles: et c'est un grand regret pour nous : car l'historien des hommes illustres en dresse la Carte avec autant de précision, que nos Cassini et nos Danville dresseraient celle d'un pays, qu'ils auraient mesuré avec les instrumens de la Trigonométrie.

Au défaut du Philosophe de Chéronée, on peut citer à l'appui de Platon, Diodore de Sicile, qui a consacré quelques chapitres de sa *bibliothèque historique* à peindre les mœurs des Atlantes et leurs exploits.

Quand les poëtes, les philosophes et les historiens se réunissent ainsi pour appuyer un fait, il faut qu'un critique ait deux fois raison, pour espérer de le détruire.

ESSAI

SUR LA SOLUTION
DU PROBLÊME
DE L'ATLANTIDE.

D'APRÈS les témoignages que notre dialectique a pesés en silence, il est impossible d'avoir des doutes raisonnables sur l'existence de l'Atlantide. Mais quelle a été sa position sur le Globe ? Voilà l'objet de recherches infiniment plus délicates. Un savant, comme nous l'avons vu, la place aux Canaries, un autre en Amérique : le pieux Baër veut, par religion, que ce soit la Palestine ; Rudbeck, par patriotisme, la prend pour la Suède : le plus singulier de tous ces systêmes, est peut être celui qui la met en face du Groënland, et de la Nouvelle Zemble.

Il ne faut point chercher l'Atlantide, dans des contrées qui existent encore; car Platon dit positivement qu'elle a été engloutie dans la mer; mais c'est précisément parce que, depuis tant de siècles, elle ne subsiste plus pour nous, qu'on ne peut fixer sa position que par des conjectures.

Le disciple de Socrate redouble encore notre incertitude, en n'indiquant que de la manière la plus vague, la position géographique de cette ancienne Colonie du Peuple Primitif; cependant il y a de grands traits de lumière épars dans son récit du *Timée* : il faudrait les rassembler, ce sont des données assez sûres, qui peuvent servir à trouver la solution du problême.

Je ne fais point de systêmes : je prie même les hommes droits qui me liront, de n'adopter mes idées qu'avec le scepticisme raisonné,

avec

avec léquel je l'expose ; mais s'il est permis, après tant de siècles, d'avoir une opinion sur l'Atlantide, il me semble que celle qui parait se concilier le mieux avec le récit de Platon, est la théorie qui placerait cette isle célèbre dans la Méditerranée, entre l'Italie et l'ancienne Carthage.

O Solon! dit dans le Timée le Prêtre de Saïs, *ce que je vais vous raconter de vos loix, de vos mœurs et des révolutions de votre pays, remonte à neuf mille ans.*

On ne s'attend pas sans doute que je concilie cette époque de quatre-vingt-dix siècles, avec l'histoire de la Colonie des Atlantes Africains, et encore moins avec celle de la Métropole du Caucase : la chronologie des tems qui touchent au berceau du Monde est si conjecturale ; celle des tems modernes est si peu sûre, malgré les recherches des Usserius, des Freret et des Newton, qu'on ne doit jamais rien espérer de satisfaisant sur celle des tems que nous nommons ante-diluviens. Les calculs même, en ce genre, sont si impossibles, que les succès du chronologiste suffiraient pour me démontrer le néant de son système.

Dans l'origine de mes recherches, j'avais cru concilier le Prêtre de Saïs, avec notre petite érudition chronologique, en supposant que ses quatre-vingt-dix siècles étaient composés d'années lunaires : je citais pour mes garans Horus Apollon et Diodore, qui attribuaient cette division des tems à l'ancienne Egypte; et en réduisant ainsi neuf mille ans à sept cens cinquante, je croyais ôter au fragment de Platon ce vernis de merveilleux, qui, aux yeux de la demi-philosophie, semble en affaiblir l'authenticité.

Mes idées, en mûrissant dans ma tête, ont détruit peu-à-peu cet édifice aërien, que j'avais pris tant de plaisir à construire. J'ai relu le texte de Platon ; j'y ai vu que ce Philosophe avertissait ses Contemporains, qu'il avait traduit en Grec le sens que présentaient les noms Egyptiens des Atlantes, et j'en ai conclu que l'écrivain qui Grécisait les noms propres d'une nation étrangère, devait avoir Grécisé aussi sa manière de supputer les tems. J'ai observé aussi qu'il fallait une foule de siècles, pour que les Isles du Caucase, de l'Atlas, et de la Tartarie fussent réunies en un seul Continent, et qu'ainsi sept cens cinquante ans ne suffisaient pas, pour remplir l'intervalle qui devait s'être écoulé entre Solon et l'expédition d'Athènes contre les Atlantes : alors j'ai brûlé mes calculs, et je me suis guéri de la manière de tout expliquer.

» *Nos fastes rapportent*, ajoute le Prêtre
» Egyptien, *comment votre République a*
» *résisté aux efforts d'une grande Puissance*
» *sortie de la mer Atlantique.*

On appelle aujourd'hui mer Atlantique, cette partie de l'Océan qui baigne les côtes d'Afrique et d'Espagne; elle semble tirer son nom, comme nous l'avons dit, de cette

Chaîne des monts Atlas, qui se prolonge des confins du détroit de Gibraltar jusqu'à la mer Rouge; or, nous venons de voir que ces monts Atlas avaient été vivifiés par une Colonie du Peuple Primitif du Caucase; ainsi, dans mon opinion, la géographie de Platon sur l'Atlantide est parfaitement expliquée.

Mais est-ce de l'extrémité Occidentale des monts Atlas, qu'est sortie, à l'époque citée par Platon, l'armée des Atlantes ? Quel rapport pouvait-il y avoir, dans ces siècles antérieurs à l'Histoire, entre des Puissances éloignées l'une de l'autre par onze cents lieues de mer ? Comment Athènes était-elle en guerre avec des Insulaires qu'elle ne devait pas même connaître de nom ? Comment la mémoire de ces Atlantes s'étant perdue dans la Grèce, s'est-elle retrouvée en Egypte, qui est bien plus éloignée encore de notre Océan Atlantique ? Toutes ces difficultés, qui anéantissent les autres systèmes, ne servent qu'à répandre un nouveau jour sur mon opinion : je vais faire mouiller mon vaisseau, au milieu même des écueils, où ceux de mes adversaires ont échoué.

Je prie l'homme droit, qui s'occupe à vérifier mes idées, de n'en pas rompre la série : il se rappelle sans doute qu'il fut un tems où la Chaîne des monts Atlas était entourée de la mer : il est indubitable, qu'à cette époque, les Atlantes qui l'habitaient durent donner leur nom à la partie de l'Océan qui baignait leur Isle : or, si je trouve dans les monumens de l'Histoire, des traces de ce nom d'Atlantique donné à toutes les mers qui baignent la grande Péninsule de l'Afrique, j'aurai la liberté de mettre mes Atlantes dans le voisinage d'Athènes, sans changer le texte du disciple de Socrate, et sans blesser la raison.

Il s'ensuivra aussi de mes recherches, que l'opinion de la retraite de la mer n'a point une base de sable : ainsi toutes les branches de mon système se prêteront un secours mutuel. Le fragment de Platon rendra plus vraisemblable l'existence des trois Isles primitives, et l'existence des Isles primitives donnera une nouvelle authenticité au fragment de Platon.

Je ne veux pas suspendre plus long-tems l'attente des Philosophes.

Le nom de mer Atlantique n'a pas été donné exclusivement à cette partie de l'océan qui regarde le Continent de l'Afrique, depuis la mer de Portugal jusqu'aux Canaries.

De tems immémorial, on a désigné aussi sous ce titre, cette vaste partie de l'océan, qui s'étend des Canaries jusqu'au Tropique du Capricorne, dans l'espace de plus de mille lieues : c'est une tradition ancienne, que nous voyons conservée jusque dans les Cartes de nos Géographes.

Je double le Cap de Bonne-Espérance, et je retrouve la mer Atlantique dans ce Golphe de la mer des Indes, qu'on nomme la Mer Rouge ; c'est Strabon qui est ici mon garant ; cet écrivain, dont l'exactitude n'est pas contestée, place l'Arabie Heureuse sur les bords de la mer des Atlantes.

Après avoir examiné à part les mers qui entourent le Continent de l'Afrique, veut-on les voir réunies toutes sous la même dénomination ? Qu'on ouvre l'Histoire d'Hérodote, on y trouvera que la mer qui est par-delà les Colonnes d'Hercule, ainsi que la mer Erythrée ou la mer Rouge, sont le même Océan, et portent le même nom. Diodore tient exactement le même langage qu'Hérodote. Quand, croyant marcher seul, je me rencontre ainsi avec des écrivains qui vivaient il y a tant de siècles, il faut bien que le terme de notre rencontre soit le chemin de la vérité.

Mais il y a, en côtoyant l'Afrique, près de trois mille lieues, de l'Arabie Heureuse au Détroit de Gibraltar : comment cet effroyable amas d'eaux a-t-il conservé autrefois le même nom d'Atlantique ? On a coutume de varier les dénominations de l'Océan, suivant les diverses contrées qu'il baigne de son onde : c'est ainsi que nos Navigateurs et nos Géographes appellent le grand bassin qui entoure l'Afrique, tantôt mer de Guinée, tantôt mer de Congo; plus loin, mer des Caffres, ailleurs, mer des Indes; mais ce nom d'Atlantique, donné au même Océan qui baigne trois mille lieues de côtes, serait un phénomène inexplicable dans les annales des hommes, si l'opinion de la retraite des mers n'était qu'un jeu de l'imagination des Philosophes.

Toutes les têtes de cette hydre de difficultés s'abattent à la fois, dès qu'on admet que l'Océan a couvert, dans des tems reculés, les deux tiers du Continent de l'Afrique ; alors on conçoit comment cette mer, ne baignant que l'Isle formée par la Chaîne des Atlas, a pu conserver, dans toute sa direction, le nom d'Atlantique: alors on réduit à moins de douze cens lieues, l'intervalle de trois mille, qui sépare aujourd'hui par mer l'Arabie Heureuse, du Détroit de Gibraltar.

Ce principe si simple, si dépendant des faits, si conforme à la raison, suffit encore pour rapprocher les Atlantes, de la Grèce. On sent en effet que du Royaume de Fez, où commence la Chaîne des Atlas, jusqu'à la mer Rouge, où elle va se perdre, on peut trouver plusieurs points de contact, qui rendent vraisemblable la guerre des Athéniens avec la Colonie du mont Caucase : mais cette partie du problème historique qui m'occupe, dépend de quelques autres textes du fragment de Platon que je vais examiner.

Cette Puissance sortie de la mer Atlantique avait envahi une grande partie de l'Europe et de l'Asie.

Cette circonstance du récit de Platon, qui semble encore inexplicable dans tous les systèmes sur l'Atlantide, rentre ici dans l'ordre naturel des événemens ; on voit combien il était aisé à une Colonie du Peuple Primitif du mont Caucase de s'étendre en Asie, soit en commerçant avec sa Métropole, soit en passant le Détroit de la mer Rouge, qui la séparait de l'Arabie : on voit aussi que la prolongation de la Chaîne des Atlas jusqu'à l'extrémité Occidentale de l'Afrique, lui permettait d'entrer en Europe, en franchissant le Détroit de Gilbraltar.

La mer Atlantique alors était guéable.

Voici encore un trait de lumière qui s'échappe de la nuit de l'antiquité. Une mer qui se retire peu à-peu pour former un grand Continent, doit être nécessairement très-peu profonde : en effet, dans un espace de plus de quatre cent lieues, en suivant la direction des monts Atlas, depuis leur naissance, on ne rencontre qu'une pente douce, du pied de ces montagnes jusqu'à la Méditerranée. Le même phénomène a dû se rencontrer, dans des tems primitifs, à l'autre extrémité des Atlas, et ma conjecture se trouve vérifiée par Diodore. Cet Historien rapporte que, de son tems, les habitans des côtes de la mer Rouge disaient tenir de leurs ancêtres, qu'on avait pu voir autrefois le fond de leur mer; ce qui suppose évidemment qu'elle s'était retirée, soit de l'Afrique, soit de l'Arabie. On voit qu'on ne peut faire un pas dans l'étude des premiers âges, sans trouver des preuves de la retraite de l'Océan : cette opinion est, à quelques égards, la clef de toute l'antiquité, et cette clef me sert à ouvrir toutes les portes de l'Atlantide.

Sur les bords de cette mer Atlantique, était une Isle, vis-à-vis de l'embouchure que vous nommez dans votre langue (en grec) les Colonnes d'Hercule.

N'oublions pas que, dans ces premiers âges qui touchaient au berceau des nations, et, des myriades de siècles après, notre Continent enseveli en grande partie sous les eaux, n'offrait aux regards que des Isles formées par le sommet des montagnes : j'ai cité le Caucase et l'Atlas comme les plus apparentes ; mais il devait y en avoir une foule d'autres moins étendues ; et, dans ce nombre, on peut compter celle à qui l'antiquité a donné par excellence le nom d'Atlantide.

Qu'on ne dise pas que cette Chaîne immense des Atlas, qui s'étend dans toute l'Afrique, formait alors un terrain assez vaste pour nourrir la nombreuse Colonie du Caucase, sans qu'on soit obligé de la faire propager encore dans les Isles des mers adjacentes : il est certain que plus on s'approche du berceau du monde, plus on trouve la nature féconde en principes générateurs, plus aussi le genre humain, pressé dans un coin du Globe, a besoin de se répandre en Colonies : l'excessive population des Israélites, des Chinois, et des Scythes, dans les tems reculés, garantit à cet égard mes conjectures sur celle des pères de l'Atlantide.

Il semble un peu plus difficile de fixer précisément la position de cette isle de Platon, parce qu'à peine a-t-elle brillé un moment sur la scene du monde, qu'une secousse violente du Globe l'en a fait disparaître.

Le Prêtre Egyptien la place sur les bords de la mer Atlantique : mais il n'y a rien de si vague au premier coup-d'œil que cet indice. Nous avons vu que les Peuples des Atlas avaient donné leur nom à toute cette partie de l'Océan, qui baigne l'Afrique, du Détroit de Gibraltar, à la mer Rouge ; on pourrait donc, sur le texte de Platon, chercher l'Atlantide aux Canaries, dans l'Archipel du Cap-Verd, à Madagascar, et jusques dans cette Isle de Socotra, qui sert de porte au Détroit de Babel-Mandel.

Les Colonnes d'Hercule, dont il est parlé dans le même texte, semblent indiquer plus positivement la situation de l'Atlantide ; mais un examen réfléchi ne sert encore à cet égard qu'à multiplier les incertitudes.

On dit qu'Hercule, sur le point de terminer sa vie glorieuse et utile au monde, arriva au Détroit de Gibraltar qui n'existait pas encore ; que là était une montagne, qui servait de barrière entre l'Océan et la Méditerranée, qu'il la coupa en deux de ses mains immortelles, et que par là il ouvrit un passage aux deux mers, étonnées de voir leurs eaux se confondre. Les monts Calpé et Abyla, dont l'un borde le Détroit en Europe, et l'autre en Afrique, semblent attester à la postérité la vérité de ce prodige, et de tems immémorial, on les a nommés les Colonnes d'Hercule.

Mais Gibraltar n'est pas le seul lieu de la terre, où l'on rencontre les Colonnes du fils adultérin d'Amphytrion : ce héros, le Dom-Quichotte de l'âge d'or, aimait beaucoup à voyager : il paraissait subitement dans une contrée, pour la purger des brigands et des monstres qui l'infestaient ; et les peuples reconnaissans érigeaient des Colonnes, pour éterniser la mémoire de son passage. On en a trouvé dans un temple célèbre de Tyr. Il y en avait dans cette ville aux cent portes, que le Demi-Dieu bâtit en Afrique, et à laquelle il donna le nom d'Hécatompyle; la renommée apprit à Drusus, sous les premiers Césars, qu'il en existait jusques dans l'Océan Germanique, où il tenta de pénétrer par les bouches du Rhin. Au milieu de cette foule de Colonnes, il est difficile de distinguer celles qui ont servi à Platon, pour bâtir son édifice des Atlantes.

Je n'aime point les allégories : elles n'agrandissent le champ de l'Histoire que pour le défigurer : mais si par hasard cet Hercule, dont le nom est célèbre dans tout notre Continent, n'était que le Soleil personnifié : si ses douze travaux ne formaient qu'un emblème pour les douze mois : si les deux Colonnes, qui furent le terme de ses courses, ne désignaient que les deux Tropiques, au-delà desquels les feux qui embrasent la terre anéantissent l'agriculture, il faut avouer que le texte de Platon serait bien plus embarrassant encore, et que par la raison qu'il y aurait cent manières de l'expliquer, il n'y en aurait pas une seule qu'on pût adopter dans une Histoire des hommes.

Il semble donc difficile de marquer ici, d'une manière précise, la position géographique des Colonnes d'Hercule; mais telle est l'Heureuse fécondité de mon système, qu'il n'exclut presqu'aucune des contrées où l'histoire les place; comme ces monumens existent tous à-peu-près, du Détroit de Gibraltar à la mer Rouge, ils se trouvent tous voisins de l'ancienne patrie des Atlantes; au reste, j'aurai occasion de fixer un peu plus, à cet égard, les idées des lecteurs, avant de parler du naufrage de l'Atlantide.

Cette isle de l'Atlantide était plus étendue, que la Libye et l'Asie ensemble.

Il est évident, que Platon ne désigne point ici l'Afrique et l'Asie entière, comme le prétendent tous les hommes à système qui accommodent accomodent à leurs rêveries les textes un peu énigmatiques de l'antiquité, pour trouver le Nouveau Monde dans l'Isle submergée.

D'abord, tout ce qui est un peu éclairé en géographie, sait que Strabon, Pline, Varron, Cicéron, Tite-Live, donnaient particulièrement le nom d'Asie à la Péninsule de l'Asie Mineure ; infirmer cette définition, c'est contrarier à dessein toute l'antiquité.

La Libye était aussi distinguée du Continent de l'Afrique, par tous les écrivains, qui mettaient quelque précision dans la nomenture du Globe. Ptolémée, le premier des anciens Géographes, pose les limites des trois contrées Africaines qu'il soumet à ses observations astronomiques, et auxquelles il donne les noms de Marmarique, de Libye et d'Egypte ; il appelle Libye la partie du désert, qui était habitée alors par les Gétules, les Garamantes, les peuples des environs du Niger et de la Zône Occidentale de l'Ethyopie. Quant à l'Afrique, les

Grecs, et sur-tout les Romains, n'entendaient guères sous ce nom, que l'Empire de Carthage.

La Libye, dans le texte de Platon, n'est donc que la Libye ; l'Asie n'est que la Péninsule de l'Asie Mineure: et, à l'époque où parle le Prêtre de Saïs, c'est à-dire, neuf mille ans avant le siècle de Périclès, il est bien évident que ces deux contrées, resserrées par les mers, n'avaient pas l'étendue que leur donnent les Cartes tracées dans la vieillesse du Globe. Cette assertion forme une espèce de théorème physique, pour qui a lu avec soin notre théorie du Monde Primitif.

D'ailleurs si le Prêtre d'Egypte, que le disciple de Socrate fait un des interlocuteurs de son dialogue, avait entendu donner à l'Atlantide l'étendue de cette moitié de la terre que nous appellons l'Asie et l'Afrique, il ne l'aurait pas désignée sous le nom d'Isle, mais sous celui de Continent ; il n'aurait pas dit qu'on abordait de ses rivages, à un

Archipel, et de-là à la terre ferme. Il n'aurait pas mis en scène avec la moitié du genre-humain, le petit point du Globe, qu'on nomme Athènes : toute cette partie du problème est insoluble, pour qui voit l'Atlantide qui n'est plus, dans l'Amérique, qui ne vient que de naître.

Enfin, Platon explique lui-même son *Timée*, par son *Critias* ; et suivant ce dernier dialogue, l'Atlantide était un parallélogramme régulier, ayant trois milles stades dans une de ses dimensions, et deux mille du centre à la mer, ce qui double cette distance dans l'autre : or si, comme l'indiquent les probabilités historiques, le Prêtre de Saïs, parle ici du stade Égyptien majeur, qui est de 114 toises, le calcul ne donne que 150 de nos lieues astronomiques, pour l'un des cotés, et 200 pour l'autre dans le parallélogramme de l'Atlantide ; ce qui se rapproche singulièrement de l'étendue que pouvaient avoir la Libye et l'Asie Mineure réunies, à une des époques du Monde Primitif. Il est évident qu'une Isle d'une pareille circonférence trouve aisément sa place dans les mers qui baignaient autrefois la Chaîne des Atlas, et vis-à-vis de tous les endroits, où les Historiens placent des Colonnes d'Hercule.

De cette Atlantide, les voyageurs pouvaient passer en d'autres Isles, d'où il leur était aisé de se rendre à la terre ferme.

Toutes ces circonstances découlent des principes posés. La retraite de l'Océan suppose la formation d'une foule d'Archipels. Les Peuples de l'Atlas, fatigués d'une trop grande population, refluérent dans un des Archipels voisins de leur Continent; de là il se rendirent dans la grande Isle de Platon: et quand cette Colonie fut solidement affermie dans sa nouvelle domination, ses navigateurs revinrent, par l'Archipel intermédiaire, commercer avec la Métropole.

Dans cette *Atlantide*, il y avait des Rois dont la puissance était formidable ; elle s'étendait sur cette Isle, ainsi que sur les Isles adjacentes, et sur une partie du Continent : ils régnaient, outre cela, d'un côté, sur toutes les contrées limitrophes de la *Libye* jusqu'en *Egypte*, et du côté de l'*Europe*, jusqu'à *Tyrhenia*.

Si l'on pouvait espérer de retrouver l'Atlantide égarée depuis tant de siècles, ce texte l'indiquerait bien mieux que le nom de la mer où Platon la place, et la circonstance si vague des Colonnes d'Hercule.

D'abord, observons combien il était aisé aux Souverains de l'Atlantide, avec un peu de force et beaucoup d'audace, de se rendre maîtres de tous les petits États isolés de l'Archipel, qui les séparait du Continent : et avec quelle facilité ensuite, fiers de leur agrandissement, ils purent faire servir les peuples subjugués à leur soumettre une partie de la Métropole. A n'examiner ici que les effets de pareilles révolutions, et non leurs causes, je crois voir la Grande-Bretagne peuplant une partie des Antilles, et de-là se répandant dans le Nouveau Monde; l'Anglais transplanté, prospère dans la grande Isle où on le relègue ; bientôt la Métropole jalouse étend, d'un hémisphère à l'autre, son bras destructeur sur sa Colonie : alors le cri de la liberté, que le despotisme n'étouffe jamais qu'un instant dans le cœur de l'homme, qui ose descendre en lui-même, se fait entendre au Nouveau Monde : il secoue ses chaînes, s'apprête à ravir les Antilles à ses oppresseurs ; et bientôt peut-être, s'il triomphe dans la plus juste des causes, on le verra conduire ses flottes victorieuses en Angleterre, et forcer, les armes à la main, ses anciens maîtres, à partager son bonheur et son indépendance.

Les mots de Platon, qui désignent que l'Empire des Atlantes s'étendait d'un côté le long de la Libye, jusqu'en Egypte, et du côté de l'Europe, jusqu'à Tyrhenia, ces mots, dis-je, peuvent mener directement à la solution du problème sur l'Atlantide.

Si l'on suppose, par exemple, que l'Isle de Platon, était située au milieu de la Méditérannée, vers le vingt neuvième degré de longitude, et le quarante-unième de latitude, à-peu-près dans la position de notre Sardaigne, qui n'existait pas alors, ou qui est plutôt un des débris de l'Atlantide, il se trouvera qu'on aura rempli à-peu-près toutes les conditions du problème. D'abord, nous savons qu'on donna le nom d'Atlantique à toutes les mers qui baignaient le second Empire des Atlantes : ensuite on trouve, entre cette partie de la Méditerranée et l'Afrique, de petites Isles, telles que celles de Galita et de Chirbi, qui pouvaient faciliter le passage à la terre ferme, et il y en avait sans doute un plus grand nombre dans des tems antérieurs, lors que l'extrémité du Continent était encore en partie sous les eaux.

L'Atlantide, dans cette hypothèse, étant placée vis à-vis l'ancienne Carthage, on retrouve dans le Golphe de Tunis, cette *embouchure des Colonnes d'Hercule*, dont parle le disciple de Socrate.

Pour les *Colonnes d'Hercule*, l'analogie et l'Histoire conduisent à les placer dans un temple de Carthage.

Nous avons parlé des fameuses Colonnes du temple de Tyr, qui ont servi au savant Baër à faire de Jérusalem la Métropole des Atlantes : or, Carthage était, comme l'on sait, une Colonie des Tyriens : on y regardait Hercule comme le Dieu tutélaire de la nation ; on l'invoquait pour garantir la foi des traités. Annibal se rendit exprès à Cadix, pour le remercier de l'avoir aidé à humilier l'orgueil du nom Romain.

Aristote parle d'une *voie d'Hercule qui s'étend depuis l'Italie jusqu'à la Celtique ;*

cette voie devait renfermer un grand nombre de Colonnes, monumens du passage de ce héros ; et si par hasard la Celtique embrasse l'Europe, l'Asie et une partie de l'Afrique, comme le soutient le docte Pelloutier, dans son livre tant admiré, et si peu lu, nous trouverons plus de Colonnes d'Hercule, qu'il ne nous en faut, pour résoudre le problème de l'Atlantide.

Outre l'Hercule Grec, il y a eu une foule de héros de ce nom, qui ont étonné l'homme ignorant et crédule, par le prestige de leurs travaux : le plus célèbre de ces derniers, est l'Hercule Phénicien, dont le culte fut apporté de Tyr jusqu'à Cadix : Carthage se trouve sur cette route, et la Colonie dut recevoir de la Métropole son culte et ses Colonnes. En partant de cette idée heureuse, on n'est arrêté par aucune difficulté, quand on lit le dialogue du Timée ; et le texte de Platon s'explique de lui même.

Ces contrées limitrophes de la Libye, et qui

se prolongent jusqu'en Egypte, sur lesquelles régnaient les Rois Atlantes, sont à l'Orient de Carthage. La Libye a été long-tems soumise à l'Egypte ; et il n'est point indifférent d'observer ici que c'est là qu'on trouvait cette ville de Bérénice, si fameuse dans l'antiquité par son Jardin des Hespérides.

L'Empire des Atlantes, qui *s'étend du côté de l'Europe jusqu'à Tirhenia*, est inexplicable dans les livres des Rudbeck, des Baër et des Bailly : c'est même une des pierres de touche qui démontrent le néant de leurs systêmes : dans mon hypothèse, tout s'arrange sans peine, comme les pierres de Thebes au son de la lyre d'Amphion ; la Tirhénie de Platon n'est plus une Tirhénie imaginaire, c'est l'Etrurie des anciens ou notre Toscane : mon Atlantide est située précisément devant la partie de l'Italie qui en porte le nom. Pour rendre encore plus frappant le rapport de mes idées avec celles de Platon, il se trouve que les Tirhéniens étaient, sinon un peuple Autochtone, du moins une des Sociétés les plus anciennement civilisées de l'Europe.

Dès qu'on admet que l'Atlantide a pu être voisine de la Sardaigne, on n'est plus embarrassé à faire commercer ses navigateurs avec l'Egypte, et à faire combattre ses guerriers avec les Athéniens et les Grecs de l'Archipel.

J'avais été insensiblement conduit par la chaîne de mes idées à cette conclusion, lorsqu'en relisant Diodore, j'ai rencontré dans son histoire un texte frappant, qui fait sortir mon opinion de l'ordre des conjectures. cet écrivain dit en propres termes, que Saturne, un des héros des Atlantes, *fut Roi de Sicile, d'Italie et d'Afrique;* or, en plaçant l'Atlantide auprès de la Sardaigne, Saturne se trouve au centre de son Empire, et je concilie Platon avec Diodore, sans altérer la géographie, et sans blesser la raison.

Telle est l'opinion la plus probable qu'on puisse embrasser sur l'Atlantide : le champ n'y est point ouvert aux rêveries savantes des étymologistes et des partisans de l'allégorie ; tous ses détails se trouvent enchaînés de la manière la plus naturelle : la vraisemblance y prend tellement la teinte de la vérité, qu'il faut de grands préjugés philosophiques, pour n'en faire qu'une hypothèse.

Dans les derniers tems, il survint des tremblemens de terre et des inondations ; alors tous vos guerriers furent engloutis dans la mer, dans l'espace de vingt-quatre heures, et l'Atlantide disparut.

Observons qu'il ne s'agit point ici d'inondations ordinaires, causées par un déluge accidentel, semblable à ceux de Deucalion et d'Ogygès : les tremblemens de terre qu'indique le texte de Platon, annoncent une de ces révolutions physiques du Globe, qui en changent la surface.

Nous avons vu que l'opinion sur l'Atlantide, qui satisfait le mieux à toutes les conditions du problème, est celle qui place cette Isle célèbre dans le sein de notre Méditerranée, entre l'Italie et l'ancienne Carthage, et cette opinion acquiert un nouveau dégré d'évidence, par la facilité avec laquelle on y explique la circonstance mémorable de son naufrage.

On se rappelle, sans doute, notre théorie du Volcanisme; on se souvient par quelle série de principes philosophiques nous avons été amenés, à placer dans la Méditerranée une multitude immense de terres incendiées, qui ne subsistent plus aujourd'hui que par la charpente latérale. Platon va être mon garant dans une conception aussi hardie; ainsi je marche à la découverte de l'Atlantide avec deux sondes qui se prêtent un appui mutuel, avec celle de la Philosophie et celle de l'Histoire.

Le tableau comparé de la structure physique de notre Continent, à diverses époques, nous indique, ainsi que je l'ai déjà fait pressentir, que vers le premier âge de la nature vivante, une masse énorme de terres volcanisées fut lancée, toute à la fois, du sein des abîmes, par l'expansion du feu primordial ; cette masse occupait, dans la Méditerranée, un espace de douze Degrés ou 300 lieues, dans la plus grande dimension, sur sept degrés, ou près de 180 lieues dans la plus petite ; et, à quelques petites Isles près, il n'en reste aujourd'hui de bien entier que deux débris, qui sont d'un côté, la Corse et la Sardaigne ; et de l'autre, le triangle de la Sicile.

Les preuves de l'antique conflagration de ce massif, ont été portées, dans ma théorie du Volcanisme, au dernier degré d'évidence. Les eaux thermales, les pyrites, les mines de souffre, et sur-tout l'accumulation des laves, l'attestent pour la Corse et la Sardaigne, qui ne sont que la même Isle, prolongée par ses montagnes soumarines. L'Etna le démontre d'une manière encore plus sensible pour la Sicile, puisque cette montagne ardente promène ses fleuves de feu au moins sur trois cents lieues quarrées de superficie.

D'ailleurs, toutes les Isles de ces parages conservaient des vestiges de leur incendie primitif : tel est le groupe des Pythecuses à une extrémité de l'ancien massif volcanique : tel, sur-tout, l'Archipel brûlant de Lipari, qui sert d'intermède entre la Corse et la Sicile.

Or, d'après notre théorie, qu'il nous suffit d'analyser, il nous sera aisé de trouver l'Atlantide de Platon, dans l'organisation de l'Archipel incendié des mers de l'Italie.

Avant que l'Océan élevât dans ses abîmes les montagnes calcaires, qui ne sont que le produit successif de ses dépouilles végétales et animales, le feu interne du Globe, à force de s'étendre dans les cavernes immenses de roche vive, où il se trouvait emprisonné, organisa des cônes volcaniques, par-tout où la voûte qui le renfermait se trouva plus faible. Deux de ces cônes furent projettés dans les parages, où la Philosophie et l'Histoire placent l'Atlantide ; l'un est la Sicile et l'autre le groupe réuni de la Corse et de la Sardaigne,

Le feu ne put soulever les deux cônes, sans agir en même-tems dans tout l'espace intermédiaire qu'il souleva, mais d'une manière plus égale, parce qu'il opposait plus de résistance ; cette espace intermédiaire formait la charpente même de l'Atlantide submergée.

D'après ces principes, on peut se figurer l'antique massif volcanique de l'Italie, comme une seule caverne incendiée, qui s'étendait dans un espace immense, formant deux cônes aux extrémités, et au milieu, un seul Plateau, comme celui de la Tartarie.

Ils est évident, que le feu s'échappant sans cesse par les soupiraux des cônes, l'incendie

cendie interne à dû avoir infiniment moins d'activité, dans les contrées où reposaient leurs masses ; voilà pourquoi les volcans, aujourd'hui éteints de la Corse et de la Sardaigne, ont été la sauve-garde de ces Isles, contre leur naufrage : voilà pourquoi les fureurs toujours renaissantes de l'Etna ont empeché la Sicile de partager la catastrophe de l'Atlantide.

Il n'en est pas de même de l'espace intermédiaire ; l'incendie interne qui se propageait dans toute l'étendue de la caverne, trouvant une résistance égale, sous tous les points de la voûte, a dû la briser dans mille points à la fois ; alors la caverne même s'est écroulée, et l'Atlantide a disparu.

Telle est la théorie la plus vraisemblable sur l'Isle célèbre du disciple de Socrate : j'ai dit ce qui a pu être ; je ne doute pas que les générations futures, instruites par de nouveaux monumens historiques, en adoptant mon hypothèse, ne disent ce qui a été.

Et si j'appuie sur la manière simple et heureuse avec laquelle se résout, sous ma plume, le problème de l'Atlantide, c'est que, quand il s'agit de physique et d'histoire, il ne faut point trahir sa pensée : lorsqu'on a ou le bonheur de rencontrer la vérité, il faut avoir le courage de la dire aux hommes qu'on éclaire, et c'est, peut-être l'unique occasion, où il y ait quelque mérite à n'être point modeste.

DE QUELQUES ISLES CÉLÈBRES

DU MONDE PRIMITIF.

C'était un homme bien extraordinaire que cet Homère, qui, à une époque où la physique n'existait pas, écrivit que la terre était une Isle entourée de toute part de l'Océan; soit qu'il eût été conduit à ce résultat par la force de son génie, soit qu'il eut mis son intelligence à déchiffrer autour de lui quelques lignes à demi-effacées, sur les vieux monumens du Monde Primitif.

Théopompe l'historien, qui eut de la célébrité au siècle de Périclès, rendit un hommage encore plus solemnel au dogme éternel de l'évangile de la physique : que les grands massifs du Globe, furent des Isles avant de devenir des Continens. *L'Europe*, dit-il, *l'Asie, et la Libye*, sont des Isles, *que les flots de l'Océan baignent de toutes parts*; et cette assertion, qui eût été fausse de son tems, il la met dans la bouche de Silène, un des personnages des tems primitifs.

Mais ce serait se défier de l'intelligence de son siècle que de lui supposer encore des doutes sur le grand fait de la retraite successive des mers, sans lequel le Globe que nous habitons n'a ni géographie ni histoire.

L'objet particulier de ce chapitre, est de parcourir quelques-unes des Isles individuelles, dont l'existence a paru problématique au vulgaire de nos historiens, parce que, dans leur ignorance présomptueuse, ils n'ont pas voulu voir le fil qui liait leur première population aux nombreuses Colonies de la Métropole du Caucase.

Les Cassitérides.

Nous avons vu le Globe partagé, par la retraite de l'Océan, en trois grandes Isles : la chaîne du Caucase, celle de l'Atlas, et le Plateau de la Tartarie ; à mesure que la mer a laissé à sec le pied des montagnes, d'autres Isles, moins étendues, ont pris naissance, et le Peuple Primitif y a envoyé des Colonies ; je ne parlerai ici que de celles dont il reste quelques monumens dans les historiens de l'antiquité.

Une des contrées les plus anciennement peuplées de notre Continent, est le petit Archipel des Cassitérides ; les écrivains de la Grèce et de Rome en ont beaucoup parlé, mais ne l'ont point connu ; les Phéniciens, qui y faisaient le commerce de l'étain, et qui, comme tous les peuples navigateurs, avaient la manie de vouloir le rendre exclusif, eurent soin de cacher à toute la terre la position de cet Archipel ; Carthage, qui hérita des découvertes des Phéniciens, suivit le même système de politique ; et à l'époque de sa conquête par les Romains, son secret se trouva enseveli dans ses ruines ; les Philosophes, qu'on n'a initiés en aucun tems dans les mystères des gouvernemens, ont donc été contraints de deviner quelle était la partie de l'Océan, qui recelait dans son sein les Cassitérides. Malheureusement, toutes leurs explications sont contradictoires ; et il ne résulterait peut-être, de la solution de ce problème, que l'histoire de leurs querelles.

Solin, et d'autres géographes, ont placé les Cassitérides auprès du Finistère Espagnol; un Dyonisius veut qu'elles soient situées dans la mer des Indes. Strabon, suivi par nos géographes, croit y reconnaître la Grande-Bretagne : le plus sage de tous est peut-être Hérodote, qui avoue avec franchise, qu'il n'en sait rien.

Si cependant les Cassitérides étaient auprès de Finistère, on sent avec quelle facilité la Colonie du Caucase aurait pu s'y introduire, par l'extrémité Occidentale de la Chaîne de l'Atlas ; si elles se rencontraient dans la mer des Indes, il faudrait faire remonter leur population à l'époque, où le Peuple Primitif se répandit par le mont Liban, dans les montagnes de l'Abyssinie ; pour l'opinion qui fait des Cassitérides la Grande-Bretagne, elle ne peut se concilier avec les premières migrations des premiers âges, malgré la prétention de l'Irlande, de toucher, par sa population, au berceau du genre humain.

Au reste, il ne faut jamais perdre de vue, que par la retraite successive de l'Océan, une foule d'Isles anciennes sont devenues d'abord Péninsules, et ensuite Continens : ce qui contribue à épaissir encore le nuage répandu sur la géographie ancienne, et nous engage à ne pas nous appesantir sur les Cassitérides.

Isle de Diodore.

On lit, dans Diodore, la description d'une Isle à l'Occident de l'Afrique, qui a beaucoup exercé l'intelligence des savans : comme l'historien ne lui donne point de nom, on a dit que c'était l'Atlantide de Platon; manière de raisonner, très-commode pour la hardiesse qui commente, et pour la paresse qui profite des commentaires.

L'Isle anonyme de Diodore n'était distante de l'Afrique que de quelques journées de navigation. L'écrivain a épuisé ses pinceaux dans la description de ce séjour enchanté; le pays, dit-il, était traversé par plusieurs fleuves navigables, qui faisaient circuler par-tout la richesse et la fécondité; les montagnes y étaient couronnées, presque dans leurs cimes, par des forêts d'arbres fruitiers; on voyait serpenter dans les plaines une quantité innombrable de sources d'eaux vives, qui entretenaient la vigueur des habitans, tandis que la chasse et la pêche, également abondantes, contribuaient au luxe de leurs festins. La température du climat était si heureuse, que pendant la plus grande partie de l'année, les fleurs du printems y naissaient à côté des fruits de l'automne. Ce serait, en un mot, l'Isle de Tinian de l'amiral Anson, si cette dernière avait eu des habitans.

On s'attend que Diodore, en parlant de ces nouveaux jardins d'Armide, nous parlera d'Armide elle-même et des génies qui devaient les peupler; mais l'historien, qui s'étend beaucoup sur une nature muette, oublie la nature animée; il se plaît à décrire la terre, et il garde le silence le plus profond sur les hommes.

Les détails qu'on nous donne sur l'histoire de cette Isle, ne regardent que sa découverte, et encore cette découverte tombe à une époque assez éloignée de la chronologie de notre Monde Primitif.

Ce sont les Phéniciens, issus de l'antique Colonie du Caucase, répandue sur la Chaîne du Liban, qui abordèrent les premiers dans cette Isle merveilleuse; ils avaient déjà établi plusieurs comptoirs sur les côtes d'Afrique et dans les pays Occidentaux de l'Europe ; leur ambition s'étant accrue avec leur puissance ; ils passèrent le Détroit de Gibraltar, entrèrent dans l'Océan, et fondèrent Cadix, si célèbre par son temple d'Hercule ; un de leurs navigateurs, qui voguait dans ces parages, fut porté par la tempête dans l'Isle anonyme, et fit part aux autres nations de sa découverte.

Cet événement donna de l'émulation aux Puissances de l'Europe, qui tenaient l'empire des mers. Les Etruriens tentèrent d'envoyer une Colonie dans l'Isle ; mais la jalousie inquiète de Carthage s'éveilla, on s'opposa à l'armement, et le projet fut anéanti.

Cette Carthage, qui avait succédé à la puissance de la Phénicie, dont elle était issue, empêcha elle-même un grand nombre de ses citoyens d'aller se faire, au-delà de Gibraltar, une nouvelle patrie, qui leur aurait fait oublier aisément celle où ils étaient nés ; mais elle ne perdit jamais de vue l'Isle enchantée, et portant ses regards dans l'avenir, elle se flatta d'en faire un jour un asyle pour ses navigateurs, si jamais il arrivait quelque désastre à la République ; mais le génie de Rome, qui veillait à la destruction entière d'une Puissance qui lui avait disputé l'empire du monde, fit échouer ce système. Les vainqueurs d'Annibal anéantirent la marine de Carthage, et on ne vit point de Colonie au sein de l'Océan Atlantique, renaître des cendres de sa Métropole.

Voilà tout ce qu'on sait de la prétendue Atlantide : quand on veut réunir tous les traits épars de la description de Diodore, on conjecture que cette Isle pourrait être Madère, ou Ténériffe, et qu'elle n'a pu être peuplée, dans son origine, que par la Colonie du Caucase, établie sur les hauteurs de l'Afrique.

De l'Hespérie et des Amazones.

L'Antiquité a placé, dans le voisinage de l'Ethiopie et au pied du Mont-Atlas, une Isle nommée Hespérie, parce qu'elle était située à l'Occident du Lac Tritonide; cette Isle formait une bande de terre très-étroite, mais fort longue, que la mer baignait de toute part, et qui était peuplée d'Amazones. Le lac, l'Isle, et les femmes guerrières qui l'habitaient, tout a disparu.

Cette géographie a beaucoup embarrassé les écrivains qui n'avaient jamais voyagé dans le Monde Primitif; il est certain que la partie de l'Afrique, qui sépare aujourd'hui l'Ethiopie du Mont Atlas n'est qu'un vaste désert de sables, où des Tigres, des Giraffes et des Serpents font leur demeure. Le réparateur de la fable de Plutarque sur Ogygie, ne voyant plus de mer autour de cette Hespérie, a pris le parti de la transporter près du Groënland et du Spitzberg, et ce n'est pas un des moindres prodiges de la baguette philosophique ; que d'avoir su ainsi mettre, sous les glaces du Pôle, une Isle de la Zône torride ; d'autres écrivains, qui n'avaient point d'intérêt à plier l'histoire à leurs systêmes, ont mieux aimé couper le nœud gordien que de le dénouer, et ils ont relégué, avec les Vampires de Calmet, les Amazones de Diodore.

Plus heureux que les philosophes qui m'ont précédé, je trouve, dans la simple application du grand principe que j'ai posé, la solution de tous les problêmes que les anciens nous ont laissés sur l'histoire.

Il est évident, qu'en partant de l'idée que l'Océan a couvert autrefois les plaines du Continent de l'Afrique, il doit y avoir eu des Isles, où on ne voit plus qu'un sol brûlant et aride ; ainsi c'est dans les sables mêmes du désert, marqués sur nos cartes, entre l'Ethyopie et le Mont Atlas, que je lis l'existence de l'ancienne Hespérie.

Diodore dit, en propres termes, que « les Amazones de l'Hespérie combattirent les Atlantes, qui étaient alors le Peuple le plus policé de l'Afrique, » et ce texte, si obscur pour les géographes vulgaires, mais si clair pour nous, donne la plus grande authenticitité à notre théorie, de l'établissement du Peuple Primitif sur la Chaîne des Atlas.

Le seul nuage que la philosophie pourrait élever sur l'Hespérie de Diodore, viendrait peut-être des Amazones, dont l'écrivain l'a peuplée ; comme cette question, plusieurs fois agitée et jamais résolue, tient plus qu'on ne pense à l'histoire de l'esprit humain, il est important d'en fixer l'objet; avant d'écrire l'histoire des Amazones, il faut voir s'il a pu y avoir des Amazones.

Il me semble d'abord que toute l'antiquité a déposé en faveur de l'existence d'un peuple de femmes, qui savaient gouverner et combattre.

Il y a eu des Amazones en Asie, le long du fleuve Thermodon, c'est-à-dire, entre la Perse et le mont Caucase. Cette peuplade s'éteignit quelques siècles avant la guerre de Troye; il ne faut pas la confondre avec celle d'Afrique, dont Homère a parlé dans son poëme immortel, et qui fait l'objet de ce chapitre.

C'était encore une autre race d'Amazones, que celle qui habitait les confins de l'Hyrcanie, à l'époque des conquêtes d'Alexandre. On sait que Thalestris, qui les gouvernait, vint solliciter ce héros de la rendre mère, s'il faut en croire le roman historique de Quinte-Curce.

On a trouvé des Amazones jusques dans la contrée du Nouveau Monde, baigné par le Maragnon, dont l'Espagnol Orellana a fait la découverte. Le Philosophe la Condamine, qui n'accordait sa croyance qu'à un petit nombre de faits, mais qui défendait avec vigueur ceux qui avaient mérité sa croyance, ne doutait pas que l'Amérique n'eût pu receler dans son sein une race d'Amazones.

Ce qui, malgré tant de témoignages, a rendu l'existence de ces femmes guerrières problématique, ce sont les fables que l'imagination oisive des poëtes a ajoutées au texte des historiens. On a dit qu'elles se coupaient le sein, pour acquérir à la course la légèreté d'Atalante ; on a ajouté, qu'elles n'admettaient les hommes parmi elles qu'un seul jour de l'année, afin d'obéir à la pente de la nature, qui les portait à se perpétuer ; enfin, on a écrit que lorsqu'il naissait de ces unions monstrueuses quelqu'enfant mâle, la mère le faisait périr, comme si elle avait voulu étouffer dans son germe la race des tyrans de la terre.

Assurément, une pareille constitution politique est une chimère, et il ne faut pas un grand effort de philosophie pour la rejetter.

D'abord,

D'abord, une société de femmes sans hommes, ainsi qu'une société d'hommes sans femmes, sont des états contre nature.

Il est impossible de se persuader que des hommes se soient soumis volontairement à l'opprobre, de donner de la postérité à des femmes qui les détestaient mortellement, et qui les chassaient à l'instant qu'elles étaient devenues mères.

Le degré d'invraisemblance augmente, quand on réfléchit qu'il fallait renouveller tous les ans quarante ou cinquante mille de ces mariages instantanés, où l'on se recherchait sans s'aimer, où l'on s'unissait pour se fuir.

Enfin, l'absurdité est à son comble, quand on suppose que le sexe le plus sensible s'habitue à faire ruisseler le sang humain; que quarante mille femmes se coupent le sein, pour devenir plus légères à la course, et qu'elles égorgent tous les ans de sang-froid leurs enfans, sous prétexte que ces enfans ne sont pas des filles.

Heureusement pour la nature humaine, une société de pareils monstres est encore plus impossible qu'un peuple de philosophes ; et le sage, qui rejette la République de Thomas Morus, doit rejetter encore, avec plus de raison, une République de pareilles Amazones.

La tradition même des peuples, sur des faits aussi évidemment absurdes, ne serait encore d'aucun poids. En vain a-t-on trouvé dans le Nouveau Monde, un mot particulier, désignant des femmes sans maris, qui font métier d'égorger leurs enfans ; cette singularité de sa grammaire ne donne aucune authenticité à son histoire. « Si des Indiens,
» dit à ce sujet un écrivain célèbre, étaient
» venus voyager en Europe, pour y re-
» cueillir à leur tour nos traditions, ils
» auraient trouvé aussi dans nos langues
» des mots particuliers, pour signifier

» des Vampires ; on leur aurait dit que
» nos pères tenaient de leurs ayeux, que
» l'enchanteur Merlin transporta des mon-
» tagnes pour faire sa digestion, et que le
» diable fit en Angleterre la Chaussée des
» Géants, pour chagriner Saint George.

» Si ces Indiens avaient continué leur
» route jusqu'en Espagne, que ne leur
» aurait-on pas dit avant de les brûler ?
» Le peuple est par toute la terre le même ;
» c'est un enfant incapable de témoigner,
» et les Philosophes ne doivent pas plus
» s'arrêter à son suffrage, que des Juges
» à la déposition d'un imbécille.

Après avoir ainsi éloigné de notre manière de voir tout soupçon de paradoxe et
de crédulité, jettons un coup d'œil sur les
Amazones de l'Hespérie de Diodore.

Les Amazones d'Afrique sont sûrement
antérieures à celles du fleuve Thermodon,
dont la race s'éteignit plusieurs siècles avant
la guerre de Troye : au reste, comme leur

puissance s'est beaucoup plus étendue, il paraît qu'elles se sont emparées de toute la gloire des dernières, et du tems d'Auguste, c'étaient peut-être les seules dont on pût écrire l'histoire.

On ignore par quelle étrange révolution politique, des Africaines fondèrent un grand Empire, et le fondèrent sur le mépris raisonné d'une moitié du genre humain. Les origines de tout sont enveloppées pour nous de la nuit la plus profonde, et il en est sur ce sujet de la physique, comme de l'histoire.

Quand ces femmes eurent réussi à secouer le joug de leurs tyrans, (car voilà le principe le plus vraisemblable de leur confédération politique), elles affermirent avec la loi, les chaînes qu'un moment de désespoir leur avait fait imposer aux hommes; et il faut avouer que leur système, à cet égard, semble tracé de la main même de Machiavel.

Il fallait d'abord former, par une gymnastique pénible, des corps, qu'une vie sédentaire avait amollis, exercer au maniement de la lance, des mains destinées au fuseau, et apprendre à dompter dans les combats l'homme, qu'il leur était si aisé de dompter avec l'amour.

La vengeance, le desir de gouverner, inné dans toutes les femmes, peut-être même le soleil d'Afrique, si fait pour allumer le sang et pour exalter les têtes, contribuèrent à rendre ces prodiges possibles aux Amazones ; et ce n'est pas le seul exemple que nous ayons, dans les annales de la terre, de femmes, qui ont su rougir de notre sang les champs de bataille. Sans parler de nos Jeanne d'Arc et de nos Deon, l'histoire moderne a retenti long-tems des traits de bravoure des Sarrasines et des Européennes, lorsqu'animées du double enthousiasme de la religion et de la patrie, elles apprennaient à leurs époux à vaincre ou à mourir ; cet esprit martial dans les femmes, a même été un des caractères distinctifs de nos siècles de Croisades et de Chevalerie.

La législation des Amazones d'Afrique, les contraignait à servir pendant un certain nombre d'années, en conservant leur virginité.

Quand ce tems était expiré, elles *épousaient des hommes ;* c'est l'expression de Diodore; car le desir de dominer ne leur avait pas fait faire divorce avec la nature.

Elles n'avaient pas besoin d'aller à la chasse de ces hommes, pour les contraindre à leur donner une postérité; elles les trouvaient dans leur pays; elles vivaient dans leur société ; elles cherchaient probablement à adoucir, par les agrémens de la vie privée, le chagrin qu'ils pouvaient avoir d'habiter la cité , sans être citoyens.

Ce qui distinguait cette confédération politique des autres, c'est que, dans la distribution que la nature a faite à chaque sexe du rôle qu'il doit jouer, l'ordre ici se trouvait interverti. L'homme, renfermé dans l'intérieur de sa maison, circonscrivait son entendement dans les petits détails de la vie domestique, et la femme veillait au dépôt des loix, exerçait les magistratures, et commandait les armées.

Lorsqu'une Amazone était accouchée, elle remettait l'enfant qui venait de naître à un homme, qui le nourrissait du lait étranger des animaux ; car cet enfant ne pouvait prétendre au lait maternel ; un usage barbare, comme nous le verrons bientôt, en avait tari pour jamais la source.

Si cet enfant était mâle, on ne le tuait point, comme l'ont dit les Poëtes, et comme le vulgaire des Ecrivains l'a répété tant de fois ; on l'élevait avec soin, pour en faire un jour un mari et un esclave.

Si l'enfant était une fille, on prévenait, par un moyen bisarre, l'accroissement de son sein ; on y appliquait une espèce de caustique, pour empêcher les vaisseaux laiteux de se développer ; cette opération, sans danger à un âge si tendre, devenait nécessaire, dans le système politique, à des femmes qui voulaient, à la fois, être mères et combattre.

Tel est le plan du gouvernement des Amazones; on sent que leurs institutions, quoique dirigées contre nous, ne sortent point de l'ordre naturel des événemens ; elles sont bisarres, mais possibles ; s'il n'existait aucun mémoire sur les Amazones, le Philosophe ne devrait pas les imaginer; mais puisque l'Historien en a parlé, le sceptique même peut y croire.

Les Amazones, dans l'origine, ne formèrent qu'une société très-bornée dans l'Hespérie ; peu-à-peu leur puissance s'accrut, et elles soumirent toutes les villes de cette Isle, excepté celle de Mene, située près d'un volcan, et habitée par des Ethyopiens ichtyophages. Elles auraient cependant bien dû, si elles n'avaient pas presqu'entièrement abjuré leur sexe, tourner leurs armes contre cette ville de Mene ; car Diodore assure que la terre y recelait dans son sein une grande quantité de pierreries, telles que des sardoines, des émeraudes et des escarboucles.

Les succès de ces Héroïnes ne firent qu'enfler leur courage ; elles subjuguèrent quelques peuples Africains, qui étaient voisins de l'Hespérie, s'étendirent jusqu'au lac Tritonide, et y bâtirent la ville de Chéronèse.

C'est à cette époque que les Amazones se mesurèrent avec les Atlantes.

On a dit qu'une Monarchie pouvait être régie par des femmes, mais non une République, parce que dans l'une il faut savoir gouverner, et que dans l'autre il ne faut que vouloir. Si cela est vrai, il faut rendre justice à nos Amazones ; elles eurent le bon esprit de conférer l'empire de l'Hespérie à une d'entr'elles, et leur choix tomba plus d'une fois sur des Sémiramis ou sur des Zénobies.

L'Histoire a sur-tout consacré le nom de Myrine, qui combattit les Atlantes ; et ce qui nous reste à dire des Amazones, n'est guère que le récit de ses conquêtes.

A sa première expédition, elle assembla, dit-on, une armée de trente mille femmes d'infanterie, et de deux mille de cavalerie; le bouclier de ces guerrières était fait de la dépouille des serpens, et elles avaient pour armes offensives, des épées, des lances et des fleches ; l'arc était sur-tout leur arme favorite : elles savaient, en fuyant, s'en servir contre l'ennemi qui les poursuivait. Les Parthes, dans la suite, imitèrent les Amazones, et leur adresse en ce genre fut plus d'une fois fatale aux Romains.

Quoique les Atlantes fussent dans ces tems-là le peuple le plus puissant de l'Afrique, ils ne tinrent pas long-tems contre les Héroïnes de l'Hespérie ; il y eut une bataille rangée où ils furent défaits ; les Amazones victorieuses entrèrent pêle-mêle avec les fuyards dans Cercene, une de leurs capitales, passèrent au fil de l'épée tous les hommes qui avaient atteint l'âge de puberté, rasèrent la ville, et réduisirent les femmes et les enfans en esclavage.

Cet acte de barbarie, qui ne peut être justifié que par les gens de guerre, répandit la terreur dans tous les pays circonvoisins ; les Atlantes allèrent au-devant du joug qui les menaçait, rendirent leurs villes, et se firent tributaires des Amazones.

Myrine, satisfaite de tant de soumission, changea son système de politique ; elle traita avec douceur les vaincus, fit bâtir, sur les ruines de Cercene, une ville à laquelle elle donna son nom, et la peupla des prisonniers qu'elle avait faits durant le cours de ses conquêtes.

Les Atlantes, amollis sans doute par

plusieurs siècles de prospérité, ne secouèrent point le joug de Myrine; après avoir eu la faiblesse de se laisser vaincre par elle, ils eurent la lâcheté de s'en laisser protéger.

Il y avait, dans les plaines voisines du mont Atlas, une autre société de femmes guerrières, qu'on nommoit les Gorgones; ce sont celles qui, long-tems après, défièrent Persée, et que ce Héros, s'il en faut croire la Mythologie Grecque, mit tant de gloire à dompter. Myrine, sollicitée par les Atlantes, que ces Gorgones inquiétaient, et encore plus par cette rivalité qui s'éteint si rarement, même dans les femmes qui se sont fait hommes, fit une descente dans le pays qu'elles habitaient, les vainquit dans un combat sanglant, et en prit trois mille prisonnières; comme le reste de ces Gorgones fugitives s'était sauvé dans les bois, la Reine victorieuse, qui voulait exterminer toute la Nation, ordonna qu'on y mît le feu ; heureusement les arbres, encore verds, se réfusèrent à la barbarie des incendiaires, et les rivales des Amazones furent sauvées.

Cependant le courage qui avait abandonné les Atlantes, ne manquait pas aux Gorgones ; celles qui étaient prisonnières dans le camp de Myrine profitèrent de la négligence de leurs gardiennes, se saisirent de leurs armes, pendant leur sommeil, et les égorgèrent. Les cris des mourantes répandirent l'allarme parmi les autres Amazones ; elles enveloppèrent ce bataillon d'Héroïnes, et après une vigoureuse résistance, elles les passèrent toutes au fil de l'épée. Myrine, le lendemain de cette nuit horrible, fit ériger trois monumens à ses compagnes ; on les voyait encore au siècle de César, et ils étaient connus sous le nom de *tombeaux des Amazones*.

Les Gorgones, depuis cette époque, ne paraissent plus sur la scène, jusqu'à Persée, qui vainquit Méduse, leur Souveraine; et là l'Histoire se tait encore jusqu'à Hercule, qui vint les exterminer.

Je reviens à Myrine; cette Princesse ne borna pas ses conquêtes aux pays des Gorgones, elle vainquit les Arabes, subjugua toute la Syrie, et rendit tributaires les Peuples mêmes de la Chaîne du Caucase.

Quand les Conquérans sont au comble de la gloire, et que la terre se tait devant eux, il leur arrive quelquefois de faire du bien aux hommes; Myrine bâtit un grand nombre de villes; elle donna son nom à la principale, et celui de Mytilene, sa sœur, à la capitale de Lesbos. On cite aussi les villes de Cyme, de Pitane et de Priene, qu'elle fit construire sur les bords de la mer; enfin elle peupla une Isle déserte de la Méditerranée, et l'appella, dans sa langue, *Isle sacrée*, ou Samothrace.

Il semblait que Myrine, après tant d'exploits, n'eût plus de revers à craindre; son alliance avec Horus, fils d'Isis, et l'un des premiers Pharaons de l'Egypte, devait mettre son trône à l'abri des révolutions; mais heureusement pour le genre humain, il n'y a de stable sur la terre, que la vertu obscure qui ne détruit rien : un Thrace et un Scythe fugitif se mirent à la tête d'une troupe de brigands, et attaquèrent la Reine des Amazones, qui, dans sa vieillesse, se défendit mal, et fut tuée, avec ses compagnes, sur le champ de bataille. Ce désastre entraîna la perte de toutes les Provinces que Myrine avait ajoutées à son empire; les Amazones, resserrées de tous côtés par les vainqueurs, furent réduites à une frivole Souveraineté, dans les déserts de la Lybie : et enfin Hercule, à qui on fit croire qu'il était de sa gloire de ne pas souffrir qu'il y eût sur le Globe un Peuple d'hommes gouvernés par des femmes, acheva de les exterminer.

De l'Isle Hyperborée.

Diodore place cette Isle au-delà des Gaules, dans la partie de l'Océan qui regarde le Septentrion. Il n'y a rien de si vague et de si favorable aux explications arbitraires que cette indication ; cependant comme les Gaules n'ont pu être peuplées que par la Colonie du Caucase qui se répandit sur la Chaîne des Atlas ; comme les Hyperboréens étaient en liaison de commerce et d'amitié avec Athènes, la rivale de l'Atlantide : enfin, comme on a écrit que ces Insulaires étaient de la race des Titans, et par conséquent de la postérité d'Ouranos, je conjecture que l'Hyperborée fut une Colonie des Atlantes de l'Afrique.

Cette Isle Hyperborée, qui depuis, par la retraite des mers, s'est trouvée réunie au Continent, ainsi que l'Hespérie, cette Isle, dis-je, était de la grandeur de la Sicile ; son nom lui venait de ce qu'on la croyait ctoyait au-dessus du vent Borée: car, suivant les préjugés de l'ancienne physique, chaque vent avait été placé par Neptune à un point du ciel, et ne quittait point son département.

Le terroir de l'Isle était excellent; on y faisait par an deux récoltes. Pline, qui met quelquefois de la poësie dans sa philosophie, dit, pour exprimer cette fertilité, que les Hyperboréens semaient le matin, moissonnaient à midi, cueillaient leurs fruits le soir, et les renfermaient la nuit dans leurs cavernes.

Ces Insulaires avaient un grand respect pour Apollon; leur ville était consacrée à ce Dieu de l'harmonie; et comme on n'y entendait sans cesse que des concerts religieux, on pouvait dire que chaque habitant en exerçait le sacerdoce.

Apollon n'étoit point ingrat, s'il faut en croire la Mythologie Hyperboréenne; ce Dieu descendait dans son Isle chérie tous les dix-neuf ans, et jouait de la lyre toutes les nuits, l'année de son apparition, depuis l'Equinoxe du printems, jusqu'au lever des Pleyades.

Une circonstance de ce conte religieux, qui n'est point indifférente pour le philosophe, c'est ce retour périodique de dix neuf ans, qui caractérise la Période que les astronomes désignent sous le nom de Cycle de Méton; ce Cycle suppose dans les Hyperboréens, du moins un dépôt d'anciennes connaissances; ainsi, tout nous ramène toujours à un premier siècle de lumières, qui a eu son foyer en Asie, et dont les rayons se sont étendus en Afrique et en Europe.

Si ce que Diodore ajoute, « que la lune, » de l'Isle Hyperborée, paraît très-proche » du Globe, et qu'on y découvre claire- » ment des montagnes semblables aux » nôtres », a un sens raisonnable, c'est celui qui attribue à nos Insulaires l'usage du Télescope; pourquoi en effet les dépositaires des beaux siècles du Caucase ou de la Tartarie, n'auraient-ils pas eu leurs Cassini, aussi bien que les Académies de Louis XIV? L'instrument astronomique se perdit, il est vrai; mais on cesse d'en être étonné, quand on connaît l'histoire du fameux miroir d'Archimède.

Les connaissances des Hyperboréens se communiquèrent probablement à l'Archipel Grec; car l'ayeul de Platon, qui fut envoyé à Délos pour défendre cette Isle contre les Généraux de Xerxès, y trouva des tables d'airain, apportées des montagnes Hyperboréennes, où était gravé le dogme d'un Dieu rémunérateur et vengeur, et la doctrine de l'immortalité.

L'Isle Hyperborée était gouvernée par un Prêtre-Roi; on le faisait descendre en droite ligne de Borée, et le peuple du pays croyait à cette généalogie.

On ne cite, dans cette contrée, qu'un homme célèbre; c'est un philosophe Abaris, dont nous parlerons bientôt, qui vint en Grèce renouveller avec elle une ancienne alliance. Il fit son voyage, suivant Porphyre et Jambliqhe, d'une manière très-commode; car Apollon lui prêta une flèche ailée, sur laquelle il traversa les déserts de l'espace. Il faut mettre ce voyage avec celui de Mahomet dans les sept Cieux, ou si l'on veut, avec celui d'Astolphe, dans le Monde de la lune.

DE L'ISLE D'IAMBULE.

Iambule peut être regardé comme le Tavernier des anciens; il aimait à voyager comme lui; mais il était un peu plus philosophe.

Un jour qu'il traversait l'Arabie Déserte, pour arriver à la partie de cette grande Péninsule qui produit des aromates, il tomba, avec sa suite, entre les mains des brigands, et on le conduisait avec un de ses amis en Ethyopie.

A peine les Ethyopiens furent-ils avertis

de l'arrivée de ces étrangers, qu'ils se saisirent d'eux, et les destinèrent, en vertu d'un oracle, à expier leur pays ; car ils s'étaient rendus coupable envers les Dieux, et ils croyaient expier un crime par un autre ; c'est la logique naturelle du fanatisme.

Ce besoin d'être expié venait d'une ancienne tradition de l'Ethyopie, confirmée par six cens ans de superstition ; les prêtres, qui avaient proposé ce nouveau genre de sacrifice, l'exécutèrent.

On construisit une barque assez légère, pour être gouvernée par deux hommes, mais a-sez forte pour résister aux vagues d'une mer irritée ; on la fournit de vivres pour six mois, et on y embarqua les deux victimes.

Iambule eut ordre de cingler vers le Midi ; on lui dit qu'au bout de sa navigation, il trouverait une Isle fortunée, dont le séjour l'empêcherait de regretter sa patrie ; que s'il y arrivait sain et sauf, l'Ethyopie jouirait de la plus grande prospérité pendant six cens ans; mais que si les fatigues de la mer, ou l'ennui de ses recherches, le ramenait sur les côtes d'Afrique avant d'avoir exécuté son voyage religieux, les Ethyopiens se jetteraient sur lui, et lui feraient subir le supplice des sacrilèges.

Iambule n'osa pas répondre, qu'il ne devait point le sacrifice de sa vie à des étrangers qui le maltraitaient, ou à des Dieux qu'il ne connaissait pas, et il se mit en mer avec le compagnon de ses infortunes.

La barque fragile fut battue des flots et des vents pendant quatre mois; et à la fin de cette pénible navigation, elle toucha à l'Isle désignée par l'Oracle d'Ethyopie.

Les habitans, dont la plupart bornaient le monde à l'Isle où ils étaient nés, s'étonnèrent à la vue de ces étrangers, admirèrent leur courage, et remplirent à leur égard tous les devoirs sacrés de l'hospitalité.

Iambule passa sept ans avec son ami parmi

ces Insulaires ; mais n'ayant jamais pu se défaire de quelques inclinations perverses qu'ils avaient apportées de leur première patrie, ils furent condamnés à sortir de l'Isle comme des hommes de mauvaises mœurs ; ils réparèrent alors leur barque, la remplirent de provisions, et s'abandonnèrent au caprice des flots ; après un trajet de quatre mois, la barque échoua sur les côtes de l'Inde ; on conduisit les deux voyageurs, qui bénissaient le ciel de leur naufrage, à un petit Roi de Polybothra, qui s'attendrit au récit de leur infortune, et les fit conduire au travers de la Perse jusques dans la Grèce ; Iambule, de retour parmi ses concitoyens, écrivit l'histoire de son voyage extraordinaire ; et son livre qui s'est perdu, a servi de base au récit de Diodore.

L'Isle d'Iambule, que j'appelle ainsi, parce qu'elle n'a point de nom dans l'historien que j'analyse, se trouvait dans l'Océan Méridional précisément sous l'Equateur ; c'était moins une Isle qu'un Archipel composé de sept Isles, placées dans l'Océan, à égale distance les unes des autres, et unies par les mêmes mœurs et par le même système de gouvernement.

La Métropole était de forme circulaire, et pouvait avoir cinq mille stades de circonférence.

On voit par tous ces détails géographiques, que l'Archipel d'Iambule n'est point l'ancienne Taprobane, ou l'Isle de Ceylan, comme nous l'assurent tous les écrivains imitateurs, qui ont commenté ou traduit Diodore.

La position de Sumatra ou des Maldives, qui se trouvent dans l'Océan Méridional, précisément sous la Ligne, conviendrait peut-être mieux à la description d'Iambule ; mais en vérité, le monde que nous habitons, est si différent du monde dont je fais l'histoire, que je n'ose proposer ici aux savans même de simples conjectures.

Il me suffit de savoir que cette Isle d'Embule était connue de tems immémorial par les Ethyopiens, issus, comme nous l'avons vu, de la première colonie du Caucase, qui vint s'établir en Afrique.

L'histoire naturelle de cette contrée n'est point tout-à-fait indigne de nos crayons.

On y trouvait des sources d'eaux minérales, qui servaient pour les bains de plaisir, jusqu'à ce que l'abus des passions fit connaître la nécessité des bains de remède.

Les serpens de l'Isle y étaient d'une grandeur excessive, mais ils ne faisaient de mal à personne ; et quand ils auraient voulu nuire, le venin n'aurait point distillé de leurs morsures.

L'animal le plus singulier de la contrée, était une espèce de tortue assez petite, qui portait sur son dos une croix de Saint-André jaune, dont les quatre extrémités étaient terminées par un œil et une bouche ; les quatre bouches aboutissaient à un seul estomac, où se faisait la digestion ; l'animal avait plusieurs pattes, avec lesquelles il pouvait marcher suivant toutes sortes de directions ; son sang était doué encore d'une propriété singulière ; en l'injectant sur des plaies récentes, et même sur des membres coupés, il faisait reprendre les chairs dans un instant, et cicatrisait les blessures ; il est probable que cette race animale a été anéantie comme tant d'autres ; du moins on n'en trouve aucune trace dans les livres des Pline, des Aldrovande et des Buffon.

Les Insulaires d'Iambule, méritent de notre part une attention particulière, parce que se trouvant isolés au sein des mers, et ne pouvant ainsi se mêler avec les autres nations, ils paraissent avoir conservé plus long-tems ce caractère originel, qui les rapproche du berceau du genre humain.

Voici quelques détails sur ce sujet, que je rapporte sur la foi de Diodore, sans les adopter entièrement, et sans les rejetter.

Les Insulaires d'Iambule, semblent une race d'hommes paticulière, comme les Lapons et les Nègres-blancs; la charpente osseuse de leurs corps se pliait et se redressait à leur gré ; mais cette singularité de leur organisation ne tenait point à la faiblesse, ils étaient les plus nerveux des hommes, et quand ils serraient quelque chose entre leurs mains, il était imposible à leurs Milon et à leurs Hercule de l'en arracher.

Pour comble de bizarrerie, ils n'avaient de poils qu'aux sourcils, aux paupières, au menton et derrière la tête ; le reste de leurs corps était parfaitement uni, comme celui de la courtisane, qui servit de modèle à Apelle, quand il voulut peindre sa Vénus.

Le visage de ces Insulaires était parfaitement beau, leur taille avait les plus heureuses proportions de la nature, et ils avaient tous de hauteur un peu plus de six pieds.

Jusqu'ici, cette description peut se concilier avec nos idées rétrécies ; voici des circonstances par lesquelles elle en diffère.

Les oreilles des Insulaires d'Iambule étaient plus ouvertes que les nôtres, et on distinguait au milieu une protubérance, dont l'usage ne semble pas indiqué par la nature.

La plus grande merveille de l'organisation de ces hommes extraordinaires, venait du méchanisme de leur langue; elle était fendue dans sa longueur, et paraissait double jusqu'à sa racine; cette étrange séparation avait été commencée naturellement dans le sein des mères, et une opération douloureuse, faite aux enfans dans le berceau, la perfectionnait; au moyen de cette double langue, l'Insulaire articulait sans peine les syllabes les plus difficiles qui pouvaient être en usage dans tous les dialectes du monde, imitait le cri des bêtes ou le chant des oiseaux, et, ce qu'il est impossible à la physique d'admettre, et à la raison de croire, parlait à la fois à deux personnes de matières différentes sans les confondre.

La nation était partagé en tribus chacune d'environ quatre cents personnes ; sa population devait être très nombreuse, à cause de la bonté du terrein; car quoique l'Isle fût placée sous la Ligne, le vent d'Est, qui soufflait régulièrement au lever du soleil, à son midi et à son coucher, et peut-être le nitre du sol qui rafraîchissait l'atmosphère, contribuaient à entretenir cette contrée dans la plus heureuse température.

Ce climat n'était ci n'at assez brûlant pour que l'homme n'y fût revêtu que de sa pudeur; on y tressait des habits légers avec une écorce de roseaux, couverte d'un duvet très-doux et très-lustré, qu'on faisait passer ensuite par la teinture du coquillage dont on tire la pourpre.

Les alimens de ce peuple étaient aussi simples que ses besoins ; une espèce de calebasse, née de la tige d'un roseau, trempée dans l'eau chaude, broyée et cuite, formait son pain: l'eau était sa boisson; il ne chargeait le reste de sa table, que des fruits du pays qui venaient sans culture.

Dans la suite, la chasse fit naître à ces Insulaires le desir désordonné de manger la chair des animaux pacifiques, qu'ils faisaient tomber avec leurs flèches; mais jamais ils n'y joignirent ces raffinemens dangereux, inventés chez les peuples corrompus et dans la cuisine de leurs Apicius.

Il ne faut pas s'étonner qu'avec ce genre de vie, et l'absence des passions, ces hommes singuliers prolongeassent un peu plus long-tems que nous leur carrière; ils parvenaient d'ordinaire jusqu'à cent cinquante ans, sans avoir éprouvé les atteintes cruelles des maladies et de la douleur; à cet âge, la perspective de la vieillesse les effrayait, et ils terminaient leurs jours par le suicide.

Ce suicide au reste n'avait point un appareil terrible; ils avaient dans leurs prairies une plante narcotique, sur laquelle ils se couchaient ; l'odeur qui s'en exhalait leur procurait une douce léthargie, et ils tombaient insensiblement dans un sommeil dont ils ne se réveillaient plus.

La manière dont on ensevelissait les morts dans cette Isle, annonce encore la prodigieuse antiquité de sa population ; on se contentait de les exposer sur le rivage, quand la mer s'était retirée, afin que l'onde en refluant amoncelât le sable autour du cadavre, et lui construisît ainsi un monument.

Les connaissances de ce peuple étaient proportionnées à ses besoins : la principale, dit Diodore, était l'astrologie; ce qui, chez un peuple qui n'est pas gangrené par le venin de la superstition, ne signifie guère que l'astronomie.

Ce qui m'étonne le plus dans les arts de ces Insulaires, c'est la construction simple et hardie de leur alphabet : ils n'admettaient que sept caractères dans leur écriture, mais

chacun d'eux avait quatre positions différentes, ce qui forme vingt-huit lettres; leurs
lignes étaient tracées, non de gauche à droite
comme parmi nous, ni de droite à gauche,
comme dans quelques langues de l'Orient,
mais de haut en bas. Cet alphabet, qui tient
peut-être plus que tout autre à des élémens
primitifs, pourrait conduire à deviner quelle
a été l'origine de l'art d'écrire.

Le culte des Insulaires d'Iambule était le
pur Sabisme; ils adoraient l'Ordonnateur
des mondes, sous l'emblême des astres, et
sur-tout du soleil.

En général, je vois que ce Sabisme a été
la religion de presque tous les peuples qui
n'ont point eu à se plaindre de leur soleil.
L'histoire trouve ce culte sur les bords du
Gange et de l'Euphrate, dans les plaines
cultivées de l'Arabie Heureuse, et dans la
plupart des Archipels de la mer des Indes;
mais il n'y a point de Sabéen dans ce voi-i-
nage du Pôle, où l'homme faible et dégénéré

néré est privé quatre mois de la présence de l'astre qui nous vivifie ; il n'y en a point dans ces déserts embrasés du Monomotapa, et de la Cafrerie, où le soleil ne s'élève sur l'horizon, que pour épuiser dans l'homme les principes de la vie, pour étouffer la végétation dans son germe, et anéantir la nature.

La législation des Insulaires d'Iambule, n'émanait point des principes simples et pacifiques du Sabisme ; elle avait au contraire le plus grand rapport avec les institutions sanguinaires de quelques anciennes Républiques de l'Europe ; il semble, en particulier, qu'elle ait été le modèle de la législation que Lycurgue donna à Lacédémone ; ce qui paraît bien étonnant, chez un peuple qui n'ayant point d'ennemis à combattre, n'avait pas besoin de contrarier la nature. La loi condamnait à la mort tous les enfans qui naissaient contrefaits, et tous les hommes qui devenaient estropiés.

L'éducation des enfans était digne d'une

nation, dont la guerre est l'élément; on les plaçait, en présence du peuple, sur le dos d'une espèce d'Aigles ou de Condors, qui les enlevait aussi-tôt dans les airs. Ceux qui soutenaient sans trembler la rapidité du vol, étaient conservés; mais on faisait périr l'infortuné, qui donnait le moindre signe de frayeur. On jugeait que son ame n'était point faite pour soutenir les traverses de la vie; et une pitié féroce engageait les Magistrats à l'en priver.

Le mariage aussi n'était point connu parmi ces Insulaires; on y avait établi la communauté des femmes. Les enfans qui naissaient de ces unions monstrueuses, n'appartenaient point à leurs mères; et on avait soin, pendant qu'ils étaient à la mammelle, de les changer plusieurs fois de nourrice, afin de cimenter davantage cet oubli du plus sacré des devoirs : les Législateurs palliaient cet attentat contre la nature, en disant qu'alors les enfans des citoyens devenaient les enfans de l'État ; ce qui prévenait les dissentions des familles, et assurait l'équilibre dans toutes les parties du Gouvernement.

Ce contraste de mœurs douces, données par le climat, et de loix atroces, prescrites par le Souverain, annonce d'anciennes révolutions dans l'Isle d'Iambule ; il est assez vraisemblable, qu'à une époque très-reculée, elle fut subjuguée, comme le Plateau de la Tartarie, par un peuple destructeur ; et que la postérité des conquérans, en prenant peu-à-peu les mœurs du pays, conserva, par une reconnaissance aveugle, les loix qui lui en avaient assuré la conquête.

Le gouvernement d'Iambule était une espèce d'Aristocratie ; chaque Tribu obéissait à un Cacique ; et le titre de ce Cacique, pour gouverner, était sa vieillesse. Lorsqu'après avoir atteint l'âge de cent cinquante ans, il renonçait à la vie, suivant la loi, l'Insulaire de sa Tribu, le plus âgé après lui,

lui succédait dans sa dignité ; cette institution sage, adoptée dans nos climats, serait peut-être le seul moyen d'étouffer, à sa naissance, l'ambition qui veille sans cesse au pied des Trônes, et de dégoûter les hommes de l'honneur funeste de gouverner leurs semblables.

DE L'ARCHIPEL PANCHÉEN.

Au midi de l'Arabie Heureuse, on trouvait autrefois, s'il en faut croire Diodore, un grouppe d'Isles, non moins célèbres que celles d'Iambule et les Cassitérides ; celles-là n'étaient cependant habitées ni par des Sybilles, ni par des Intelligences ; c'étaient des hommes qui les cultivaient ; ce qui conduirait à penser que la Colonie de l'Atlas ne s'y est introduite que dans des tems postérieurs ; car, dans la langue philosophique, le règne des Dieux, et des Demi Dieux sur le Globe, ne désigne que la prodigieuse antiquité de sa population.

Une de ces Isles était connue sous le nom d'Isle Sacrée ; il était défendu d'y rendre les devoirs funèbres aux morts ; quand la vieillesse venait ordonner à l'homme de finir, (car l'intempérance, et la guerre, autre maladie plus funeste encore, n'assiégeaient point alors l'espèce humaine) on transportait son cadavre dans une Isle voisine ; les habitans de l'Isle Sacrée ne voulaient point souiller, par des émanations mal-saines, l'air pur qu'ils respiraient, se croyant dégagés de tout reste de vénération, pour une vaine cendre, qui ne tenait plus par son intelligence, ni à l'homme, ni à la Divinité.

L'Isle Sacrée produisait très-peu de fruits, mais elle en était dédommagée par le nombre et par la variété de ses plantes odoriférantes ; l'encens sur-tout, s'y recueillait en si grande quantité, qu'il y en avait suffisamment pour le culte qu'on rendait par toute la terre aux Immortels.

Les Insulaires étaient frugivores ; ils vivaient du fruit du jonc marin; cet arbuste précieux à un peuple qui n'avait que les besoins de la nature, fournissait à la fos, à ceux qui le cultivaient, leur nourriture, leur breuvage, et un remède spécifique contre la dyssenterie.

L'Isle Sacrée était partagée entre ses habitans; le Roi de l'Archipel y faisait sa résidence; son revenu consistait dans de vastes domaines, qu'il faisait valoir, et dans le dixième des fruits que l'on recueillait dans son Empire.

A quelque distance de cette Isle, on en voyait une autre, non moins mémorable; elle s'appellait Panchaye, et avait donné son nom aux Insulaires de tout l'Archipel; c'était la seule de tout cet Empire qui eut ses Magistrats, ses usages et ses loix.

Son gouvernement était une espèce de Théocratie mitigée; trois Magistrats élus tous les ans, jugeaient les causes civiles; mais le pouvoir de vie et de mort, était confié à un Sénat de Prêtres ; politique singulière, mais que les mœurs antiques justifient ; les sacrifices d'animaux n'étaient point connus dans ce premier âge du monde ; le sang ne coulait point sur les autels ; ainsi les Ministres des Dieux, ayant les mains pures, et un cœur sensible, pouvaient être les juges des hommes.

La République Sacerdotale avait divisé le peuple qu'elle gouvernait en trois classes ; la première, était celle des artistes, la seconde, celle des laboureurs, la troisième, renfermait les bergers et les soldats : mélange assez extraordinaire ; car il n'y aucun rapport entre le pâtre pacifique, qui tond les brebis qu'il élève, et le mercenaire en uniforme, qui fait métier d'égorger les hommes.

Ce qui rendrait, à cet égard, la législation Panchéenne un peu moins vicieuse, c'est que Diodore dit, que ces soldats n'étaient institués que pour défendre les cultivateurs contre des brigands, cantonnés au centre de l'Isle, qui en dévastaient le territoire; de pareils soldats, êtres infiniment respectables, méritent d'être placés dans le rang des citoyens qu'ils protègent.

Les laboureurs apportaient en commun tous les fruits qu'ils avaient recueillis; et ceux qui s'étaient distingués dans la culture, l'étaient aussi dans le partage; les pasteurs, assujettis à la même loi, rendaient publiquement en nombre et en valeur, les troupeaux dont on leur avait confié l'entretien; car il n'était permis à personne de posséder rien en propre, excepté sa femme, sa maison et son jardin. Les Prêtres recevaient toutes les productions de l'Isle, et les partageaient également entre chaque particulier, en retenant pour eux une double part, pour soutenir la dignité du Sacerdoce.

Cette même Théocratie, ce même défaut de propriété dans les citoyens d'un Etat, ce même partage des productions de la terre, fait par des Prêtres entre les Cultivateurs, se sont trouvés, de nos jours, à une extrémité du Nouveau Monde. On a vu une Société Religieuse, long-tems célèbre en Europe, faire revivre, sans le savoir, en Amérique, la législation de l'Isle Panchaye; et soixante Prêtres, attirer à eux, par les filets de la persuasion, deux cent mille Indiens, qui ne savaient pas se gouverner : je n'examine point si une telle Théocratie est légitime ; mais, certainement, il serait dur de leur faire un crime d'une ambition qui a rendu des Peuples heureux, quand on songe que les Conquérans Espagnols, qui les ont précédés dans les Indes, n'ont civilisé dix millions d'hommes, qu'en les égorgeant.

L'histoire d'une Théocratie, n'est que celle des Prêtres : ainsi il ne faut pas s'étonner si on s'occupe peu, ici, des autres classes d'hommes, qui n'ont joué, et qui ne devaient jouer aucun rôle dans de pareils Gouvernemens.

On sent assez combien il était aisé aux Théocrates de l'Isle Panchaye, d'abuser de leur autorité, puisqu'ils réunissaient dans leurs mains, en vertu de la loi, le sceptre et l'encensoir; mais les Insulaires, par une institution très-bisarre, avaient mis le remède à côté du mal; il était défendu expressément à tout Prêtre de sortir de l'enceinte consacrée aux Dieux; et lorsqu'un d'eux osait mettre un pied téméraire sur le terrein d'un citoyen, celui-ci avait droit de le tuer. L'Isle Panchaye est le seul endroit du Globe, où des esclaves aient ainsi imaginé de changer en prison le Palais de leurs Despotes.

Au sommet d'une colline très-élevée, les Panchéens avaient élevé un temple à Jupiter Triphylien, qui, dans ce premier âge du Globe, pouvait être regardé comme une de ses merveilles; le champ sacré qui l'environnait, rassemblait d'abord en fruits, en fleurs, en arbres de luxe, et en plantes odoriférantes, toutes les richesses de la nature ; on y voyait un bois de myrthe et de palmiers, d'où sortait en cascade une fontaine si abondante, que, non loin de sa source, elle formait déjà un fleuve navigable ; ce bois servait de jardin public et de gymnase aux Panchéens, quand ils cessaient de travailler pour les Prêtres.

C'est dans l'enceinte de ce bois enchanté, qu'on avait élevé le temple de Jupiter ; il était bâti de pierres de taille, qui avaient le poli du marbre et sa blancheur ; s'il en faut croire les mesures anciennes, son étendue était plus grande que celle de notre Basilique de Saint-Pierre, la plus vaste du monde connu ; car il avait deux arpens de longueur, sur une largeur proportionnée. Pour soutenir une masse si prodigieuse, l'Architecte avait multiplié les colonnes, et les avait embellies de tous les ornemens de la sculpture ; ce qui contribuait à-la-fois à l'ornement et à la solidité de l'édifice.

Les portes de ce Temple étaient sculptées

en or, en argent et en yvoire; l'arbre qui produit l'encens, en avait fourni la matière; on voyait, dans le sanctuaire, le lit de Jupiter, qui avait six coudées de long sur quatre de large; c'était un bloc d'or massif, dont le travail était très-fini et très-recherché; au pied de ce lit, s'élevait une colonne de même métal, dont l'inscription, en caractères sacrés, contenait l'histoire d'Ouranos et de Jupiter; elle était écrite de la main de Thaaut, si connu, en Grèce, sous le nom de Mercure; il est probable que cette inscription a été lue, dans la suite, par Évhémère, qui aborda dans l'Isle Panchaye, à la fin du siècle d'Alexandre, et qui prit, de cette lecture, occasion de réformer toute l'ancienne Mythologie.

Le péristile du temple de Jupiter, faisait face à une avenue de quatre stades de long, sur cent quatre vingt pieds de large; on avait ménagé, dans l'intervalle des arbres, la place de grandes statues d'airain, posées sur leurs bases, qui représentaient, probablement, les grands Artistes de la Nation, ou les Pontifes dont on avait fait l'apothéose.

A l'extrémité de l'avenue, coulait le fleuve dont on a déjà parlé; son onde, saine et limpide, servait de boisson aux hommes, et portait la fertilité dans les campagnes; on l'appel'ait le fleuve du Soleil.

Non loin du Temple de Jupiter, était une montagne qui dominait sur toute l'Isle; on la nommait l'Olympe; c'est-là que l'antique Ouranos venait contempler le cours des astres; et cet observatoire nous rappelle celui d'Uranibourg, élévé sur la mer Baltique par le célèbre Tichobrahé, que des Despotes jaloux et barbares, ont dans la suite fait renverser.

Trois peuples habitaient l'Isle Panchaye; celui qui avait donné son nom à la contrée, les Doïens et les Océanites.

Ce nom d'Océanite n'est point énigmatique; il désigne évidemment une nation qui a conquis sur la mer le pays qu'elle cultive; je ne puis faire un pas dans l'histoire ancienne, sans y rencontrer des preuves de ma théorie sur le Monde Primitif.

Quant aux Doïens, ils étaient sûrement une Colonie des peuples de l'Atlas; car Diodore dit expressément, qu'ils possédaient, sur ce Continent, les villes de Doïa et d'Astérusie; le Héros Acmon vint dans cette contrée, rasa ces deux villes, et chassa les Doïens de l'Isle Panchaye. Depuis cette époque, la race du Peuple conquérant, et celle du Peuple conquis, ont été également anéanties.

Les Insulaires de Panchaye n'étaient point Nomades; ils avaient bâti quatre villes, Hyracie, Daïs, Océanis et Panara; on peut regarder la dernière comme la Capitale; elle était habitée, non-seulement par les naturels du pays, mais encore par des Indiens et par des Scythes; des Cretois y abordèrent aussi dans des tems postérieurs, en franchissant l'Isthme de Sues, qui sépare la Méditerranée de la Mer-Rouge. Cette époque, ainsi que toutes celles qui avoisinent le Monde Primitif, ne sauroit être fixée par la chronologie.

A quelque éloignement que nous soyons des Panchéens, nous pouvons, sans craindre de nous tromper, regarder l'Isle qu'ils habitaient, comme une espèce de Sybaris; la nature avait tout fait, ainsi que nous l'avons vu, pour la rendre le paradis du Globe; et le gouvernement des Prêtres, d'autant plus pacifique, qu'ils n'avaient point d'ambition à satisfaire, avait ajouté sa mollesse, à celle que le climat inspirait aux Insulaires.

Ces Panchéens, ayant dans leur Isle des brebis dont la toison était d'une extrême finesse, s'habillaient avec des étoffes, dont la douceur était admirée de leurs voisins; les deux sexes y portaient également des colliers, des brasselets, et des anneaux qu'ils passaient dans leurs oreilles.

Les Prêtres effaçaient encore les citoyens les plus riches, par le faste de leur parure; leurs robes étaient du lin le plus fin, et de la blancheur la plus éclatante; ils ornaient leur tête de mitres d'or filé, et leurs pieds de sandales, travaillées avec élégance; rien n'égalait aussi la magnificence de leurs bijoux et de leurs pendans d'oreille; ajoutons à ce portrait, qu'ils se traitaient, entr'eux, avec une recherche singulière : sorte de luxe que le peuple leur pardonnait, parce qu'ils étaient à-la-fois Prêtres et Souverains.

L'occupation de ces Théocrates fortunés, quand ils n'exerçaient pas le pouvoir suprême, était de chanter des hymnes en l'honneur des Héros, et de célébrer en vers les exploits qui leur avaient valu leur apothéose.

Cette race Sacerdotale, qui avait mérité ou usurpé le gouvernement de l'Isle Panchaye, n'en était pas originaire; elle venait de la Crète : c'était une tradition reçue dans le le pays, que Jupiter, dans des tems très-reculés, l'y avait transférée : on le prouvait par des mots de l'ancien Crétois, qui s'étaient conservés dans la langue Panchéenne, et par des caractères tracés de la main même du Dieu, dans un temple de l'Isle, dont il avait jetté les fondemens.

La Panchaye renfermait, dans son sein, des mines d'or, d'argent et de fer; l'industrie avait trouvé le secret de les exploiter; mais les instrumens et les bijoux que ce travail faisait naître, ne servaient qu'à l'usage des Insulaires, et il était défendu de les transporter sur la terre ferme. On n'était pas encore assez instruit dans la politique, pour sentir qu'un État qui ne peut se suffire à lui-même, est moins riche par les biens qu'il possède, que par ceux qu'il échange.

Au reste, cette histoire des Panchéens, cultivant les arts, énervés par le luxe, et soumis à des Prêtres, n'est point celle de leur premier âge; si nous la traitons ici, c'est que le peuple qu'elle nous peint, n'a paru qu'une fois sur la scène du monde ; on ne pouvait, à cause de son peu d'étendue, la partager, comme le Philosophe partage celle de l'Egypte, sous les dynasties de ses Pharaons, et sous le gouvernement de ses Ptolémées.

S'il était permis, cependant, de hasarder quelques conjectures sur l'histoire primitive des Panchéens, je dirais qu'elle a commencé, lorsque les peuples de l'Atlas, pressés dans les montagnes de l'Abyssinie, envoyèrent des Colonies vivifier les Isles naissantes de la Mer Rouge et de l'Océan ; sa seconde époque est lorsque les Crétois, conduits par Jupiter, y vinrent abolir le gouvernement Monarchique, pour y substituer une République de Prêtres.

Dans le premier intervalle, on voit régner sur l'Isle Panchaye les Héros de la Colonie de l'Atlas, tels que l'astronome Ouranos, qui mérita son nom, parce qu'il entretint le premier le feu perpétuel sur les autels des Dieux, et le farouche Saturne, qui mutila son père; nous retrouverons ces personnages, dans la suite, en d'autres contrées, et ils formeront le fil avec lequel nous lierons toutes les histoires du Monde Primitif.

Pour l'époque de la migration des Prêtres de la Crète, elle n'est remarquable que par l'avènement de Jupiter, qui devint le Dieu des peuples, dont il s'était fait le Roi; mais on ne peut avoir de détails sur la Théocratie qu'il institua; il est de l'intérêt des Prêtres, de jetter un voile sur les annales des peuples qu'ils gouvernent. Il y a eu, sans doute, très-peu d'historiens parmi les Panchéens, comme parmi les Lamas de Tartarie, et les Missionnaires du Paraguay.

Tels sont les monumens qui nous restent d'un des peuples les plus singuliers qui aient paru dans l'antiquité; on observera, qu'on n'en trouve la plus légère trace dans aucune de ces compilations informes, à qui nous prodiguons le titre d'Histoires universelles.

Si cependant il y eut une histoire authentique, c'est celle des Panchéens ; Diodore, de qui nous la tenons, est un des écrivains les plus dignes de foi, dont l'antiquité s'honore ; à son autorité, il faut joindre celle d'Evhêmère, l'ami du second des successeurs d'Alexandre en Macédoine, qui aborda dans l'Isle que nous venons de décrire, vit par ses yeux ses productions, ses monumens, les loix de ses peuples, et consigna ses observations dans son *Histoire sacrée*: ouvrage qui a servi de base au récit de Diodore.

Ce qui rend, à mes yeux, l'histoire Panchéenne d'une vérité à l'abri de toute atteinte, c'est qu'on n'y trouve aucun mélange de ces fables héroïques, qui défigurent les premières annales de toutes les nations ; tout ce qui s'est fait dans cette Isle, a pu être exécuté par des hommes, et mérite ainsi d'être cru par des hommes.

Evhémère est même, à cet égard, encore plus philosophe que les historiens qui l'avaient précédé ; c'est dans son fragment sur l'Isle Panchaye, analysé par Diodore, qu'on trouve l'origine la plus naturelle de tous ces Héros Atlantes, dont la Mythologie Grecque a fait des Divinités. On y donne la généalogie d'Ouranos, de Saturne, de Jupiter; on parle de leurs mariages, de leurs conquêtes et de leurs crimes, comme si c'étaient de simples Souverains; et ces hommes célèbres d'Evhémère font croire à l'existence des Dieux d'Homère et d'Ovide.

Cette Isle Panchaye n'existe plus aujourd'hui, et c'est encore une suite naturelle de notre théorie du Globe; il est évident que la retraite de l'Océan, ayant laissé à découvert les terres qui la séparaient de l'Afrique, elle s'est trouvée réunie au Continent, comme l'ont été autrefois les grandes Péninsules de l'Arabie et de l'Italie, comme le sera un jour l'Archipel des Antilles, et celui des Maldives ; mais parce qu'on ne retrouvait plus la position de Panchaye, il ne fallait pas nier qu'elle eût existé ; parce que des écrivains ne sont pas géographes, ils ne devaient pas se dispenser d'en écrire l'histoire.

Je ne puis donc faire un pas dans le Monde Primitif, sans trouver des erreurs modernes à combattre ; mais une prudence pusillanime ne doit point enchaîner ma plume ; il faut avoir le courage de balayer, avec le doute méthodique de Descartes, tous les préjugés qui s'amoncèlent dans le champ de l'Histoire, avant de prendre le pinceau des Tacite et des Tite-Live.

De l'Isle de Sind.

Les Archipels de la mer d'Arabie ont pu servir de communication aux peuples de l'Atlas, pour arriver au Golfe du Bengale. Là était, probablement, cette Isle de Sind, dont les anciens ont fait la demeure d'une race de Sibylles, qui prédisaient l'avenir, qui excitaient les orages, et qui déguisaient leurs formes sous une multitude de métamorphoses. Ces fables Orientales, avec lesquelles les historiens se sont joués de la crédulité de leur siècle, ne prouvent autre chose, pour nous, sinon que les premiers Insulaires de Sind, ont été supérieurs, par les organes et par l'intelligence, aux contemporains des Méla et des Diodore ; ce qui désigne, à mes yeux, la postérité du Peuple Primitif du Caucase.

Cette Isle de Sind, si, par la retraite des mers, elle n'a pas été réunie à quelque Continent, serait-elle l'Isle de Set Su, si célèbre dans les annales Chinoises ? Les Lettrés de Pékin disent que cette dernière était habitée par des Intelligences, qui trafiquaient avec les étrangers, sans en être vus. Voilà les Sibylles de Méla ; du moins l'Insulaire de Set-Su, qui possède l'anneau de Gygès, vaut bien celui de Sind, qui copie Protée, qui excite les orages et qui se fait Prophète.

R 4

DES
NAVIGATIONS MÉMORABLES

EXÉCUTÉES DANS LE MONDE PRIMITIF.

L'ORGANISATION du Globe primitif, divisé par la mer unique dont il était baigné en Isles, en Péninsules et en Archipels, devait, sur-tout à l'époque où le genre humain était pressé contre les flancs du Caucase et des Atlas, nécessiter de grandes navigations entre le Monde découvert et le Monde à découvrir.

Nous verrons, dans l'histoire des Phéniciens, la théorie de ce bel art de correspondre, par l'intermède des Mers, avec toutes les Contrées, dont la retraite graduée de l'Océan pouvait faire soupçonner l'existence ; nous verrons comment, entraînés par une curiosité inquiète et active, les ancêtres de ce

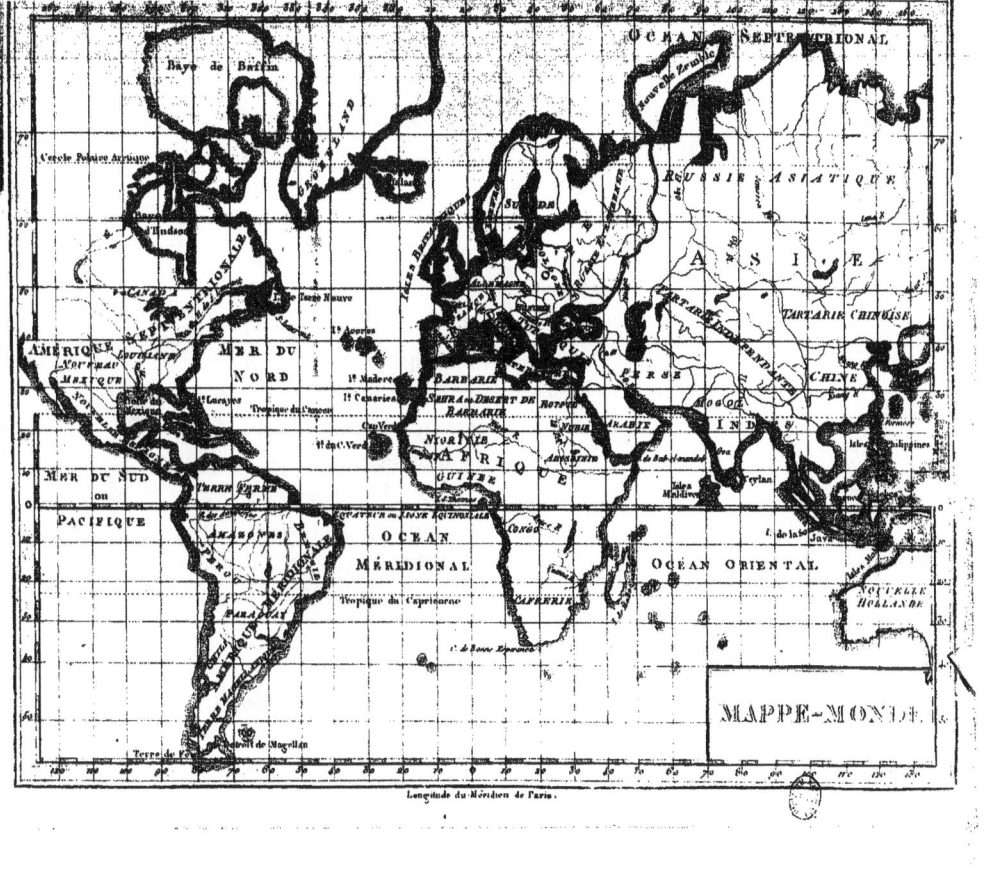

peuple, adossés contre les éminences de
l'Afrique, s'essayèrent à franchir l'enceinte
de leurs prisons, et à atteindre physiquement
des terres vierges encore, où ils s'élançaient
déjà avec les ailes de la pensée : comment,
de la seule idée qu'il fallait à une Colonie,
trop nombreuse, une patrie nouvelle, il
resulta que les mers furent subjuguées.

Et il ne faut pas croire, qu'en confondant
ainsi l'origine de la navigation avec celle de
la population du Globe, je me joue d'une
imagination ardente, qui voit la nature active
dans de frivoles hypothèses.

Ceux des écrivains de l'antiquité, qui ont
été à portée de consulter des restes de traditions primitives, n'ont point gardé le silence
sur les navigations mémorables des Colomb
des premiers âges ; Homère, Hésiode, se rendent garants de ces exploits : Strabon, le
géographe le plus instruit de son siècle, qui
était celui d'Auguste, s'exprime ainsi au
commencement de son grand ouvrage :

« Je ne crains point d'avancer, sur la foi
» de l'Histoire, que les anciens ont exécuté
» des expéditions maritimes, d'un dessein
» bien plus vaste que leur faible postérité ;
» j'en atteste Bacchus, Hercule et même
» Jason. On connaît les voyages d'Ulysse et
» de Ménélas, qu'Homère a rendus si célé-
» bres ; il est vraisemblable que c'est pour
» avoir tenté, au travers des mers incon-
» nues, de grandes découvertes, qu'on a fait
» descendre aux enfers Thésée et Pirithoüs,
» qu'on a créé Castor et Pollux les Dieux
» des Navigateurs. On connaît les exploits
» qui valurent à Minos l'empire des Mers ;
» les courses hardies des Phéniciens, qui
» franchirent les Colonnes d'Hercule et bâti-
» rent des villes le long de la Côte d'Afrique,
» peu après l'incendie de Troyes ».

Ce texte lumineux suffirait pour servir de base à plusieurs traités, si je m'abandonnais à l'imagination paradoxale du Philosophe de Paw, ou à l'érudition conjecturale de l'économiste Gebelin.

Mais mon objet ne doit être que de rassembler des faits, de les rapprocher, comme les glaces mobiles du miroir ardent d'Archimède, et d'en tirer ainsi un foyer de lumières qui dissipe, autant qu'il est possible, la nuit profonde qui couvre les tems primitifs.

Les Mémoires qui nous restent sur les navigations des premiers âges, ne contiennent que quelques fragmens épars, dont le plus grand nombre même ne nous a été transmis que par des écrivains intermédiaires : ce n'est pas une petite difficulté de les épurer par la critique, de les lier ensemble par le fil de l'analogie historique, et sur-tout d'éclaircir, en quelques lignes, ce qui ne serait qu'obscur, par un commentaire de plusieurs volumes.

L'embarras augmente, quand on réfléchit que les Grecs, les plus grands plagiaires du monde connu, se sont appropriés presque tous les Héros des âges primitifs, comme si les grands hommes de leur beau siècle de Périclès ne suffisaient pas à leur célébrité, et qu'ils eussent besoin, pour rester immortels, d'envahir la gloire de l'univers !

Je tâcherai de mettre, dans la balance philosophique, tous ces Héros navigateurs, soit ceux que la Grèce vit naître dans son sein, soit ceux que son orgueil a adoptés. La nature de leurs exploits décide d'ordinaire l'époque plus ou moins reculée où ils parurent, et j'en donnerai un exemple frappant, en opposant l'Hercule Oriental des âges primitifs, à l'Hercule Grec des Argonautes.

Les Romains, moins audacieux en ce genre que les Grecs, parce que la marine ne fut jamais leur élément, se consolèrent quelquefois de n'avoir exécuté aucune navigation mémorable, en niant celles des peuples qu'ils avaient subjugués ; cependant un événement singulier qui arriva vers l'époque du premier Triumvirat, mit des bornes à leur pyrrhonisme. Pendant que Metellus

Celer était Proconsul des Gaules, un Roi
des Suèves remit entre ses mains des Indiens,
qui, jouets long-tems des tempêtes sur des
mers orageuses qu'ils ne connaissaient pas,
avaient fait naufrage sur les côtes d'Allemagne.

Pline et Méla conclurent de ce voyage
merveilleux, que l'Océan sert de ceinture
au Globe, et sans doute ils avaient raison;
et la série des probabilités philosophiques
croissait, par leur opinion, à mesure qu'ils
approchaient du berceau du genre humain.

Cependant notre curiosité sur cet événement étrange n'est qu'à demi satisfaite: il
eût été bien à souhaiter que le Roi des
Suèves eût désigné, avec précision, de quel
point de l'Inde étaient partis les étrangers
dont il faisait présent au Proconsul. S'il s'agissait des Indes Occidentales, ou du Nouveau
Monde, à cause de la proximité des deux
Continens, le prodige du voyage disparaît;
s'il entendait l'Inde proprement dite, on ne

conçoit guéres comment des espèces de Pyrogues ont pu, de naufrage en naufrage, arriver, par les mers ordinaires, de l'embouchure, soit de l'Indus, soit du Gange à Hambourg : trajet qui fait trembler encore aujourd'hui nos meilleurs vaisseaux, commandés par des Cook et des Anson.

Peut-être le problème ne peut-il s'expliquer qu'en supposant la route des Indiens, par les mers du Nord, en s'élevant vers le Pôle, après avoir quitté les parages du Japon.

On opposera, sans doute, qu'aujourd'hui, où l'art de naviguer est à son dernier période, on n'a pu encore, malgré l'or des Souverains et le génie des Académies, trouver le passage qui conduirait, par l'Océan Septentrional, de l'Europe aux mers de la Chine. En partant de la Hollande, on se rend, sans difficulté, du Texel à la Côte Orientale de la Nouvelle-Zemble, et plus haut, de l'embouchure du fleuve Léna, jusqu'au Japon; mais il existe, le long de la Sibérie, un espace intermédiaire que les glaces amoncelées empêchent toujours de franchir : cette difficulté, terrible sans doute pour la géographie pusillanime, qui suppose le Globe immuable, n'est, pour la théorie heureuse de la retraite graduée de l'Océan, qu'un triomphe de plus.

Les glaces annoncent toujours le voisinage des terres : ainsi, la mer du Nord qui sépare la Léna de la Nouvelle-Zemble, est sûrement resserrée entre deux Continens ; mais, à l'époque du premier Triumvirat Romain, l'Océan n'avait pas encore abandonné la Côte Septentrionale de la Sibérie : alors le Détroit était une vaste mer, et cette mer, debarassée de glaces, du moins pendant une saison, permettait aux navires Indiens de la franchir. Tout s'explique, comme on voit, quand on est, à la fois, Physicien et Géographe, quand on ne suppose pas le monde créé d'hier, quand on ne prête pas, à une nature essentiellement active, l'inertie de son entendement.

Des Périples de l'antiquité.

Afin de classer ses idées sur les grandes expéditions maritimes du Monde Primitif, il suffit peut-être, de jetter un coup-d'œil rapide sur les Périples, ou journaux de navigation, que nous tenons d'une haute antiquité; Périples qui ne nous ont été transmis, soit tout entiers, soit par analyse, que par des écrivains intermédiaires, intéressés, souvent par une sorte d'orgueil national, à les défigurer, pour s'approprier les Héros des premiers âges, et la gloire du berceau de l'univers.

Et comme, dans une matière aussi conjecturale, il y aurait de la témérité à l'historien de fixer les époques, je ne présenterai ces Périples que dans l'ordre alphabétique des auteurs à qui on les attribue; le chapitre terminé,

terminé, l'Auteur instruit fera lui-même la chronologie.

Périple d'Agatarchide.

On connaît peu ce navigateur; le savant Dodwell, qui a beaucoup travaillé sur les Périples, prétend qu'il était encore dans l'adolescence, quand l'Egypte reconnaissait les loix de Ptolémée-Philomètor. Le journal même de sa navigation, qui nous reste, n'est pas de lui : ce n'est qu'un tissu d'extraits de l'ouvrage original, que la copie informe de l'abréviateur est bien propre à faire regretter.

L'ouvrage d'Agatarchide a pour titre : *Périple de la Mer Erythrée* : c'est la Mer Rouge de notre géographie moderne. Ce nom d'Erythrée dérivait, suivant l'écrivain, d'un Perse appellé Erythras, qui, sous l'empire des Mèdes, passait l'hyver à Pasagarde, et au printems, se rendait, dans un canot dont il avait imaginé la construction, à une terre qu'il cultivait sur une des côtes de la Mer Rouge.

Ce Périple est un peu moins aride que la plupart de ceux dont je vais offrir l'analyse. L'Auteur y parle des usages des peuples, de leurs mœurs, des progrès de leur industrie: la philosophie même ne lui est pas tout-à-fait étrangère : on peut en juger par quelques épigrammes contre la Mythologie Grecque, que Lucien lui-même n'aurait pas dédaignées.

C'est-là qu'on apprend que dans l'âge d'or des Troglodytes, ce peuple admettait la communauté des femmes : il n'y avait de distinction que pour l'épouse du Roi : encore lorsqu'un sujet attentait à cette propriété de son Souverain, le délit était expié par l'amende d'une brebis.

C'est-là qu'on expose un moyen bien étrange de limiter le despotisme des Rois de Saba. Du moment que le Prince était élu, il était obligé, par la loi, de rester renfermé dans son pa'ais, et s'il osait en sortir, ses sujets avaient droit de le lapider.

Malheureusement, tous ces tableaux curieux des mœurs antiques sont gâtés par des fables, plus absurdes encore que celles de la Mythologie Grecque, dont l'auteur a le courage de se jouer.

On suppose les côtes de la Mer Rouge habitées par des peuples, qui n'ont d'existence que dans les Légendes Dorées des Révélations Egyptiennes, ou dans les Livres des Métamorphoses.

Ici, ce sont des Hylophages, qui, soit hommes, soit femmes, passent le jour tout entier sur des arbres, sautant d'une branche à l'autre, et vivant de leur feuillage.

Là, ce sont des Ichtyophages, qui n'ont jamais soif, et qui font des traités de paix avec les Phoques, pour que ces poissons leur garantissent la jouissance de leur chasse et de leurs propriétés.

Ailleurs, ce sont des Eléphantophages ;

qui, dans leurs chasses d'éléphants, prennent ces quadrupèdes terribles par la queue, et ne lâchent prise, que quand ils leur ont coupé le nerf du jarret. L'Historien ajoute, qu'un Ptolémée, qui voulait avoir des éléphants vivans dans sa ménagerie, ayant voulu détourner ce peuple de Milons d'une chasse aussi audacieuse, ils lui avaient répondu : qu'ils ne changeraient pas leur manière de vivre, quand même il donnerait à chaque individu un Trône des Pharaons.

Assurément, de tels peuples ne sont pas les nôtres, et le Navigateur qui commerce avec eux, ne donne pas une grande autorité à ses voyages.

J'observerai seulement qu'il est très-probable que l'Agatarchide, auteur du Périple original, était, quoiqu'en dise Dodwell, infiniment antérieur à l'Agatarchide, contemporain de Philometor; à cette dernière époque, les côtes de la Mer Rouge étaient parfaitement connues de l'Egypte, puisqu'elles ne s'en trouvaient séparées que par l'isthme de Suez, que les Pharaons avaient plusieurs fois tenté de percer: or les hommes dont parle Agatarchide, semblent sortis d'un autre moule de la nature, que ceux qui habitaient les rives de la Mer-Rouge, au tems des Ptolémées. De plus, le soin qu'il prend de rechercher l'étymologie du nom d'Erythrée, sous lequel elle était connue de son tems, semble un autre indice de l'antiquité du Périple primitif. Il déclare qu'Erithras était inventeur de son canot ; mais le berceau de la navigation remonte à des âges bien antérieurs à celui qui est fixé par l'abréviateur du Périple : jamais on ne persuadera, dans le siècle des lumières, que des peuples, voisins de la mer, n'ont imaginé de la dompter sur le plus fragile esquif, qu'après les conquêtes de Cyrus, ou la fondation d'Ecbatane.

Il y a donc eu un Agatarchide, dans une haute antiquité, qui a exécuté une expédition maritime au travers de la Mer Rouge; et alors cette mer n'était pas une faible Méditerranée, hérissée d'écueils et de basfonds, comme le Chevalier Bruce vient de la trouver dans son voyage mémorable aux sources du Nil ; elle couvrait une partie de l'Afrique et de l'Asie, et formait un des grands bassins de cet Océan immense, que la stérilité de notre géographie nous a obligé d'appeller Mer Caspienne.

Périples d'Arrien.

On attribue à cet illustre Historien d'Alexandre, qui fut le plus grand disciple d'Epictète, les deux Périples de la Mer Erythrée et du Pont-Euxin : ils paraissent écrits sous l'empire d'Adrien, et sont précieux, sinon par la singularité des faits, du moins par la facilité qu'ils procurent, de mettre en parallèle la géographie du moyen âge, avec celle d'une haute antiquité.

Le premier Périple se rapproche infiniment plus de nos Mappe-mondes, que celui d'Agatarchide. Il est aisé d'y reconnaître la configuration allongée de notre Mer Rouge, sa prolongation latérale dans le sens du Golfe de Perse, les écueils dont elle est hérissée, et les vents impétueux qui en rendent la navigation aussi dangereuse, que celle du Détroit de Magellan et du Cap de Bonne-Espérance.

On y reconnaît aussi les mœurs de ces Arabes, inquiets et à demi-civilisés, pour qui le droit des gens est une chimère de la philantropie; les objets de commerce qu'on échange avec nos marchandises d'Europe, et jusqu'aux singularités d'histoire naturelle de ces contrées, qui n'étonnent plus, même le vulgaire de nos admirateurs.

Seulement il semblerait, par rapport au sol où croît l'encens, que le climat a changé: aujourd'hui l'air y est d'une grande pureté; mais au tems d'Arrien, ceux qui cultivaient ce don précieux de l'Arabie étaient frappés d'une espèce de peste, et les Rois, justes jusques dans leur délire, n'y faisaient travailler que des criminels condamnés à mort.

Le Périple du Pont-Euxin ne porte pas plus de traces de haute antiquité, que celui de la Mer Erythrée.

Cependant il n'est point indifférent de le parcourir, à cause du grand trait de lumière qui en rejaillira sur notre théorie des Argonautes du Monde Primitif.

Le Pont-Euxin était connu avant la civilisation du Péloponèse, sous le nom d'*Axenos*, c'est-à-dire, d'inaccessible à la navigation; dans la suite, quand Jason exécuta son expédition de la Colchide, on lui donna le nom d'*Euxenos*, ou de navigable. Les Grecs, ignorans et présomptueux, (car l'un marche avec l'autre) croyaient qu'avant les amours de Médée et du fils de Pélias, ce bras de la Méditerranée n'avait pu être franchi par d'autres Argonautes.

La configuration du Pont-Euxin n'a pas

sensiblement changé depuis Eratosthène, qui en a mesuré la circonférence, et Arrien, qui en a décrit les rivages; c'est toujours, comme le disent les Anciens, la forme d'un arc bandé, dont la corde, formée par la Côte Méridionale, depuis le Bosphore jusqu'à la Colchide, trouve son angle au fond du Golfe d'Amisus : mais cet arc bandé n'a pas toujours existé. Cette mer intérieure n'a pas toujours été bornée à vingt-trois mille stades, ou un peu plus de quatre cent cinquante de nos lieues légales de circonférence.

On sait que les Palus-Méotides sont une prolongation de ce Pont-Euxin du côté de Tanaïs, prolongation très-faible, et qui, dans nos Cartes, ne fait pas la dixième partie de l'étendue du bassin, dont ce canal dérive; or, le Père de l'Histoire, qui travaillait d'après des Mémoires antérieurs, assure que ces Palus-Méotides sont presqu'aussi vastes que le Pont-Euxin même :

il y a donc eu un âge, dans la nuit des tems, où ces deux Mers couvraient de leurs flots une partie de l'Asie et de l'Europe, et les Navigateurs qui osaient les parcourir, pouvaient communiquer vers l'Orient, d'un côté à l'Océan Septentrional, et de l'autre, à la Mer Caspienne.

Arrien, dans son Périple du Pont-Euxin, rend à l'Empereur Adrien un compte fidèle des distances entre les villes qui bordent ses rivages : quelquefois même il y entre-mêle des traits d'Histoire, qui servent à classer dans la tête des lecteurs cette nomenclature aride de Géographie; mais on n'y rencontre presqu'aucun fait, qui nous aide dans le rapprochement du Globe actuel avec le Globe Primitif.

Seulement, en parlant de deux ancres, l'une de fer et l'autre de pierre, qui lui ont attesté le passage des Argonautes, il lui échappe de dire, que la matière brute de la dernière, annonce une navigation antique, et le métal travaillé de l'autre, la date plus récente de l'expédition dont il est le monument. Cet aveu de la part d'un Ecrivain aussi instruit que l'Historien d'Alexandre, ne paraîtra pas indifférent dans la suite de cet Ouvrage, quand nous établirons, d'après la philosophie et les faits, deux navigations très-distinguées des Argonautes, l'une qui ne remonte qu'à l'époque très-moderne de Jason, et l'autre qui touche au Monde Primitif.

Périple de Diotime.

Il n'est connu que par un texte de Strabon bien fait pour donner la torture à tout le Peuple des Géographes, qui croit à l'immutabilité du Globe.

« Eratosthène, dit-il, rapporte une anec-
» dote étrange, qu'il tenait de Diotime,
» fils de Strombique, chargé par les Athé-
» niens, d'une ambassade (sans doute au-
» près du Roi de Perse). Ce Diotime

» prétendait être parti du Cydnus, fleuve qui
» arrose la Cilicie, et être arrivé en qua-
» rante jours jusqu'au Choaspe, rivière qui
» baigne les remparts de Suze. Ératosthène
» ajoute que ce Périple prête d'autant plus
» à la surprise, que pour aller du Cydnus au
» Choaspe, il faut couper, dans la Baby-
» lonie, le Tygre et l'Euphrate ».

Casaubon, le Commentateur du Géographe du siècle d'Auguste, ne s'en tient pas à la surprise d'Ératosthène ; il dit, avec son atticisme ordinaire, que Diotime ment avec la dernière impudence, parce qu'il y a un intervalle de plusieurs millions de stades, entre le fleuve qui coule à Suze, et celui de la Cilicie, qui a servi de point de départ.

Je suis loin de mettre le Périple de Diotime au rang de ces grands faits historiques qui défient le pyrhonisme, tels que la bataille de Pharsale, ou la conquête de la Perse par Alexandre ; mais on peut, sans compromettre sa raison, répondre au *mensonge impudent* de Casaubon, et même à la sage *surprise* d'Eratosthène.

Si le Diotime du Périple était réellement contemporain du Géographe d'Alexandrie, il a pu ne pas mentir avec impudence, quand il a supposé la possibilité d'une navigation depuis la Méditerranée, où se jette le Cydnus, jusqu'au Golfe de Perse, où le Tygre trouve son embouchure. En effet, il suffit d'admettre un canal, monument de l'antique industrie Phénicienne, qui traverse les vastes plaines de sable de l'Osroëne et de la Mesopotamie. Le reste du trajet se conçoit sans peine ; car on sait, par le témoignage des Historiens, que le Choaspe se joint à l'Eulée, l'Eulée au Tygre, et le Tygre à l'Euphrate.

Et si, portant ses regards dans une antiquité plus voisine du berceau du monde, on pressentait que le Diotime, ambassadeur en Perse, a pu n'être que le plagiaire d'un

Diotime, Héros des âges primitifs, on viendrait peut-être à bout de mettre des bornes philosophiques à la surprise d'Eratosthène.

On se rappelle qu'à l'époque des premières Monarchies, le Globe n'existait, pour la population humaine, que par ses Plateaux et ses Chaînes de montagnes: alors un vaste Océan couvrait de ses vagues, toutes les parties inférieures de l'Asie ; alors la Méditerranée communiquait à la Mer Rouge, et le Pont-Euxin au Golfe de Perse ; et cet effroyable amas d'eaux, nous avons été contraints, à cause de la stérilité de notre Géographie, de le circonscrire dans la dénomination vague de Mer Caspienne.

Mais, à mesure que la mer se retirait des flancs des montagnes, l'Asie commençait à se dessiner, comme on la voit dans nos Mappe-mondes. On connaît donc une époque où les flots, couvrant encore les sables de l'Osroëne et de la Mésopotamie, un navigateur, tel que le Diotime primitif, pouvait, en partant de l'extrémité Méridionale de l'Asie Mineure, pénétrer en Syrie, au-dessus de l'endroit où commence la Chaîne du Liban, et se rendre, en évitant les Isles, formées par les montagnes d'Édesse et d'Apamée, jusqu'à la position de Suze, ou même du Golfe de Perse : alors le Tygre et l'Euphrate n'existaient pas, et une expédition maritime de la nature de celle-ci, ne prêtait ni aux injures de Casaubon, ni à la surprise d'Eratosthène.

Périple d'Eudoxe.

Ce Périple, que nous connaissons par les récits de Pline, de Mela et de Strabon, confirme la possibilité du fameux voyage de trois ans, entrepris par l'ordre du Pharaon-Nechao : il achève de démontrer que les anciens avaient déjà fait plusieurs fois le tour de l'Afrique, avant la découverte mémorable du passage par le Cap de Bonne-Espérance.

Eudoxe était de Cyzique, et se trouvait en Egypte, à la cour d'Evergète, quand on amena à ce Monarque un étranger mourant de faim et de soif, qu'on avait rencontré dans un navire, abandonné à la merci des vagues, au milieu de la Mer Rouge. Cet infortuné, dès qu'il put balbutier quelques mots de la langue Grecque, raconta qu'ayant fait voile d'un port de l'Inde, il s'était égaré dans sa route; que ses compagnons avaient péri tous, et qu'il allait subir le même sort, quand des Egyptiens le sauvèrent du naufrage. Le Ptolémée le renvoya dans son pays par la même route; et, sentant de quel intérêt il était pour ses peuples de ranimer le commerce entre l'Inde et l'Afrique, il fit partir, sur le même navire, divers négociateurs chargés de présens : ce fut Eudoxe qui eut la principale direction de l'ambassade, et il revint à Alexandrie, chargé de pierreries et d'aromates.

Au retour du vaisseau, Evergète n'était plus,

plus, et le trône d'Egypte se trouvait occupé par Cléopatre ; cette Princesse renvoya Eudoxe dans l'Inde, et mit le plus grand appareil dans cette nouvelle ambassade; l'auteur du *Périple* voulut, probablement, tenter des expériences relatives aux vents alisés, manqua l'instant du passage, et fut jetté sur les côtes d'Éthyopie.

Pendant son séjour sur cette plage étrangère, Eudoxe découvrit une partie de la proue d'un vaisseau, brisé par la tempête, qui avait un buste de cheval sculpté sur sa proue ; il interrogea quelques-uns de ses matelots, employés, dès leur bas-âge, dans les voyages d'Europe; et il en apprit que la sculpture de cette proue désignait un navire, qui naviguait dans l'Océan Atlantique. L'importance d'une pareille découverte, n'échappa pas à sa pénétration ; il pressentit la possibilité de faire le tour le l'Afrique; et, revenu à Alexandrie, il se confirma dans ses idées, lorsque des Navigateurs Européens, à qui il montra sa proue, se réunirent à l'assurer qu'elle avait été fabriquée à Cadix, sur la Côte de l'Espagne.

Enfin, Eudoxe suivit l'impulsion de son génie; il rassembla quelques Argonautes, à qui il donna son ame et ses connaissances; s'embarqua sur la Mer Rouge; fit le tour de la Péninsule d'Afrique, et aborda à Cadix, convaincu qu'il avait fait rouler l'axe de la navigation sur un autre pivot.

PÉRIPLE DU HANNON PRIMITIF.

Il y a près de deux siècles que le Monde Savant se partage sur le Périple Carthaginois que nous possédons, et que la haine des Romains, et la lente destruction des siècles, n'ont pu anéantir.

Les uns, comme Fabricius, ont fait tomber cette expédition maritime sous le règne du premier Denis de Syracuse; d'autres, tels que Vossius et Bochart, la rapprochent des premiers âges, en faisant Hannon contemporains de Persée, et antérieur, d'un siècle, à la prise de Troye.

Le problème se dénoue de lui-même, quand on admet plusieurs Périples et plusieurs Hannon, comme les travaux contradictoires de l'Hercule de la Mythologie, s'expliquent, en distinguant le fils d'Alcmène de l'Hercule primitif.

Et cette clef si naturelle se trouvait, en conciliant, avec une logique lumineuse, les textes opposés des anciens qui ont parlé du Périple de Carthage.

L'ouvrage qui nous reste sous ce nom, est évidemment un extrait d'un des Périples originaux, fait par un écrivain du moyen âge, comme le prouve le savant Dodwell, et encore plus le style sans couleur et le peu d'intérêt du voyage.

Or, ce Périple que nous possédons, ne renferme que le récit d'une petite expédition, faite depuis les Côtes de la Barbarie, jusqu'à cette hauteur de l'Afrique que nous appelons le Cap des Trois-Pointes. On la trouvera toute entière, avec l'analyse du Périple, dans notre histoire de Carthage.

Il n'en est pas de même du voyage mémorable, exécuté par un premier Hannon, à une époque inaccessible à la chronologie. Pline l'ancien dit positivement qu'il a sous les yeux ce Périple original, et qu'il renferme le journal d'une navigation non interrompue par le Détroit de Gibraltar, depuis la rade de Carthage, jusqu'à la mer Rouge.

Tout, jusqu'au nom donné par l'abréviateur de notre Périple de Hannon, prouve notre théorie : il l'appelle *Basilèous*, ce qui veut dire *Roi*. Solin se sert de la même épithète pour désigner ce Héros : or, il est bien évident, qu'au tems où tout conduit à placer la petite expédition au Cap des Trois Pointes, c'est-à-dire, à l'an 570 avant notre ère vulgaire, la dynastie des Rois successeurs de Didon avait disparu ; que la

République de Carthage était dans sa maturité, et qu'un peuple libre n'aurait jamais souffert qu'un de ses Amiraux prit un nom voué à l'anathême, qui lui rappellait l'opprobre de son ancienne servitude.

Le Hannon-Roi me semble évidemment celui dont Pline, Plutarque, Elien, et toute l'antiquité, assurent qu'il savait apprivoiser les lions et s'en faire obéir ; et comme cet être supérieur n'a aucun rapport avec le Hannon, Amiral de Carthage-République, il en résulte, aux yeux d'une saine philosophie, que c'est un Héros des Ages primitifs.

Et si l'on doutait de cette supériorité, qu'une tradition antique accorde au premier Hannon, il suffirait de peser le texte du savant auteur de l'Histoire Naturelle, pour voir dissiper ses incertitudes : « On croit, » dit Pline, que le premier des humains qui » osa flatter de la main un lion, et l'appri- » voiser au point de s'en faire suivre, fut

» Hannon, un des Héros de Carthage ».

Observons ce mot, *le premier des humains*; assurément il n'entrera, dans l'entendement d'aucun être bien organisé, que les hommes aient attendu des myriades de siècles pour apprivoiser des lions, et qu'on n'ait tenté que vers la décadence du Globe, ce qui exigeant, non-seulement une force immense, mais encore une conscience intime de cette force, ne pouvait être entrepris que lorsque le Globe, plus favorisé de la nature, avait toute l'énergie de son adolescence.

Le Hannon-Roi, n'en doutons pas, fleurissait à l'époque primitive où les hommes joignaient, à une taille plus haute, une plus grande supériorité dans les organes ; où la nature, plus féconde en principes générateurs, multipliait les géans et peut-être les hermaphrodites ; où un Hercule disputait l'empire des forêts à un lion, et l'empire des sociétés civilisées à un Tirésias.

Et c'est à cette époque, qu'il faut rapporter les prodiges de notre organisation physique, qu'une nature muette ou le burin des arts nous ont conservés ; ces squelettes de géants, enfouis sous terre, que notre ignorance met au nombre des fossiles, et jusqu'au modèle de ces êtres à double sexe, que la sculpture Grecque nous a transmis dans le bel hermaphrodite du Capitole.

Le visionnaire Gébelin, qui a erré si savamment dans les landes de l'étymologie, a fait entrer, malgré lui, le Hannon-Roi dans son Monde Oriental, qu'il appelle, je ne sais pourquoi, le *Monde Primitif* : il lui fait faire, avec des Phéniciens, le tour de la mer du Sud, en allant d'Isle en Isle, et prolonger les côtes Orientales et Occidentales du Nouveau Monde; paradoxe d'autant plus étrange, qu'à cette époque, le Nouveau Monde n'existait sûrement que par les pics des monts Apalaches et des Cordilières.

T 4

La preuve est digne de la bizarrerie de l'idée. *Dès qu'il est démontré*, dit-il, *que les Phéniciens ont fait le tour de l'Afrique, ils ont pu faire celui de la Mer du Sud, et suivre, dans les deux directions, les rivages de l'Amérique.* C'est comme si l'on disait : Rome a pris les petits bourgs de Faleries et d'Ardée, donc elle est devenue la Métropole du Globe. Montesquieu a écrit le Dialogue de Sylla et d'Eucrate, donc il a créé l'Esprit des Loix.

L'érudit Economiste triomphe sur-tout, en rapportant une inscription presqu'entièrement effacée, qu'on trouve sur un rocher éloigné de quarante milles de Boston : ce monument en hyéroglyphes, qui semble l'ouvrage moderne de quelques Navigateurs Chinois, échoués sur ces parages, est évidemment à ses yeux un écrit Phénicien, plus authentique que le Périple de l'Amiral de Carthage : et il est mort persuadé qu'il avait ouvert une mine nouvelle dans la carrière de l'érudition, parce que presque personne n'ayant lu les neuf volumes in-4° de sa compilation étymologique, personne n'avoit été à portée de le contredire.

Il résulte de ces considérations rapides sur le Périple Carthaginois, que nous venons de peser dans la balance de la dialectique.

D'abord, qu'il y a un Hannon-Roi, qui n'a qu'un vain rapport de nom avec le Hannon-Amiral de Carthage - République.

Ensuite, que ce Hannon primordial n'a pu, lors de la fondation des Monarchies-mères, aborder au Nouveau-Monde, qui, à cette époque, enseveli sous les eaux, n'existait pas encore pour former la balance sensible du Globe.

Enfin, que ce Héros primitif n'a exécuté que la navigation que Pline l'ancien lui attribue, c'est-à-dire, n'a fait que le tour de l'Afrique, en partant de la Mer Rouge, et en arrivant par le Détroit des Colonnes d'Hercule, aux parages de la Méditerranée, où est située Carthage.

Il est vrai qu'alors ce trajet devait être un jeu pour les Argonautes des premiers âges : car l'Océan étant encore, sur le Globe à demi désséché, l'élément dominateur, une partie du Continent d'Afrique restait sous les eaux, et sur-tout cet immense Promontoire, qu'on appellait avant Gama, le Cap des Tempêtes, et que nous abordons avec moins d'effroi, depuis que la vanité des Européens qui l'ont doublé, en a fait le Cap de Bonne-Espérance.

Périple de Marcien d'Héracléé.

Il ne faut s'arrêter qu'un moment sur cet ouvrage, parce qu'il semble, un traité de géographie, plutôt que le récit d'une expédition de navigateurs.

Marcien d'Héraclée, qui fleurissait vers le quatrième siècle de l'Ere vulgaire, a travaillé d'après les voyages maritimes de Menippe de Pergame, écrivain du règne de Commode, et les voyages de terre d'Artémidore d'Éphèse, antérieur à Strabon, et par conséquent contemporain des derniers héros de Rome-République.

Mais au lieu de donner les Périples de ces deux hommes célèbres, il s'est contenté d'analyser le Globe d'après leurs recherches, ce qui détruit la trace de leurs découvertes, et brise le fil qui nous servait à lier la moyenne antiquité au Monde Primitif.

Le livre de Marcien, qui porte si improprement le nom de Périple, est destiné à faire connaître ce que les anciens appellaient la mer extérieure : il embrasse l'Océan Oriental, l'Océan Occidental et les Isles qui sont situées non loin de leurs rivages.

Cet ouvrage est important pour les géographes, parce qu'il marque avec soin les distances en stades, qu'il analyse avec modestie les écrivains qui lui servent de guides, et sur-tout qu'il rejette les fables qui servent par tout d'écorce au noyau de l'histoire.

On regrette que cette géographie ne nous soit parvenue que mutilée : il y manque en particulier ce que l'auteur appelle le Périple de la Libye et les distances de Rome jusqu'aux villes les plus fameuses du Globe.

Périple de Ménélas.

Tout le monde connait l'histoire de l'enlèvement d'Hélène, qui prépara l'incendie de Troye, et ce qui intéresse encore plus l'homme de goût, les poëmes immortels de l'Odyssée et de l'Iliade.

Ménélas, l'époux d'Hélène, paya, au rapport d'Homere, le crime de la victoire des Grecs, en errant pendant huit ans sur les mers : ce qui, en réduisant les exagérations mythologiques à la précision de l'histoire, ne signifie autre chose, sinon qu'il exécuta, au péril de sa vie, une des grandes expéditions maritimes, dont l'esprit humain s'honore, depuis que l'Océan a été dompté par les Argonautes primitifs.

Le Périple de Ménélas est indiqué dans ce texte de l'Odyssée ; c'est lui-même qui parle à Télémaque.

« Parmi les humains, il n'en est qu'un
» petit nombre qui m'égale en opulence :
» mais ce n'est qu'après avoir été pendant
» huit ans le jouet des flots et des tem-
» pêtes, que j'ai fait aborder dans un port
» paisible, mes vaisseaux chargés de ma
» fortune ; c'est en affrontant un ciel et
» une mer irrités, que j'ai parcouru les
» parages de l'Isle de Chypre, ceux de l'E-
» gypte et de la Phénicie.... J'ai vu l'E-
» thyopie, Sidon, les Erembes, et enfin
» la Libye.. mais je ne trouve aucune jouis-
» sance à régner sur des monceaux d'or.

La géographie s'est emparée, après la la poësie, des voyages de Ménélas. Strabon qui nous a conservé les deux opinions, qui partageaient encore de son tems l'opinion publique, s'exprime ainsi :

« Parmi les écrivains qui ont écrit sur
» la navigation laborieuse de Ménélas, tous
» s'accordent à le faire aborder en Ethyo-
» pie; mais les uns le font partir de l'Egypte
» en surmontant l'Isthme qui sépare cette
» Monarchie de la Mer Rouge; les autres
» le font sortir de la Méditerranée, par le
» Détroit des Colonnes d'Hercule, et pour-
» suivre sa route jusques dans l'Inde.

Ce texte précieux répand un grand jour sur notre théorie, si neuve et si vraie, du Globe Primitif.

Ménélas, comme nous ne pouvons nous lasser de le répéter, est un héros double de l'antiquité et du moyen âge, ainsi que le Hannon et l'Hercule : car les Phéniciens et les Grecs, à leur exemple, accumulaient, sur la tête de leurs hommes célèbres, les exploits de tous les étrangers qui avaient avec eux quelqu'identité de noms ou de caractères : ils mettaient le Globe entier à contribution, pour justifier la gloire de leurs grands personnages et leur apothéose.

La géographie d'Homère s'accorde parfaitement avec l'idée qu'on peut se former du Périple des deux Ménélas.

Quelque route qu'on prenne en quittant la monarchie des Pharaons, pour faire le tour de l'Afrique, il faut, ou en sortant du port, ou au retour, cotoyer le Delta, l'Isle de Chypre, la Phénicie, l'Ethyopie, la Libye et le pays des Erembes, qui sont des Arabes Troglodytes des bords de la Mer Rouge.

S'il s'agit du Ménélas l'époux d'Hélène, et le vainqueur de Troye, comme le Globe à cette époque était à peu près dessiné comme il l'est aujourd'hui, sa navigation, toute hardie qu'elle devait être pour des Grecs, accoutumés à se trainer de côtes en côtes, sur leurs faibles nacelles, devait se borner à faire le tour de l'Afrique, en partant du port de Suez, et en abordant sur la Côte du Delta, où l'on bâtit ensuite Alexandrie. Le Héros pouvait mettre alors huit ans à exécuter un voyage qui n'est qu'un jeu aujourd'hui pour nos Cook et nos Anson.

S'il s'agit du Ménélas primitif, l'hypothèse des anciens géographes qui nous a été transmise par Strabon, se concilie encore mieux avec notre théorie. Nous avons vu qu'ils faisaient surmonter l'Isthme de Suez à ce héros, pour atteindre la Mer Rouge; mais cette idée qui paraît si étrange à l'homme qui ne raisonne pas la géographie primordiale, est infiniment heureuse pour nous. Il a été démontré, dans un des volumes de cet ouvrage, qu'il fut un tems où l'Océan communiquait à la Méditerranée par l'intermède des deux grands bras de la mer Caspienne, que nous nommons le Golfe de Perse et la Mer Rouge : or, puisqu'à cette époque l'Isthme de Suez n'existait pas,

il

il était aisé à Ménélas de partir avec sa flotte des parages de Memphis, et d'arriver, par la mer Atlantique au Delta, qui commençait alors à s'élever au-dessus des eaux; voyage d'autant moins pénible, que, dans cette hypothèse, il coupait au-dessous de l'Équateur, l'immense Péninsule du Cap de Bonne-Espérance, comme on peut s'en convaincre en jettant les yeux sur notre Carte de l'Afrique, à l'époque de l'origine des Monarchies.

Périple de Néarque.

Ce Périple tient trop de place dans l'histoire du siècle d'Alexandre, pour en occuper une distinguée dans celle du Monde Primitif.

Néarque, né dans l'Isle de Crète, et un des Amiraux du vainqueur de Darius, était, comme César et Xénophon, homme de Lettres et grand capitaine; il fut chargé, après la conquête de l'Inde, de parcourir, à la tête de la flotte Macédonienne, toute la

Côte Maritime, depuis Patale, jusqu'au fond du Golfe de Perse ; et il écrivit lui-même le Journal de son expédition, dont Arrien nous a conservé l'analyse.

Mais ce Périple n'est pas par lui même d'une grande importance : on compte à peine vingt cinq Degrés, ou six cents lieues entre Patale et le fond du Golfe de Perse. Cette traversée, qu'Alexandre honora d'une couronne d'or et de larmes d'admiration, n'aurait pas fourni quatre pages aux relations de nos Bougainville et de nos La Peyrouse.

D'ailleurs, Néarque avait, dans un des plus beaux siècles dont la raison s'honore, toute la crédulité des âges de barbarie : il parle, dans son Périple, de serpens de soixante-dix coudées de long, qui n'existent pas plus que la chimère de Bellérophon, quoique plusieurs siècles après, Apollonius de Tyane atteste les avoir retrouvés. Il disserte sur une Isle consacrée au Soleil, où tout homme qui osait l'aborder, disparaissait ; et, ce qui confond encore plus l'entendement humain, il donne l'origine suivante aux Peuples Ichtyophages :

« J'ai abordé, dit l'Amiral d'Alexandre,
» dans une Isle de Nofala, infiniment dan-
» gereuse, dans les tems primitifs, pour les
» étrangers qui y cherchaient un asyle. La
» Neréide, qui l'habitait, leur accordait
» ses faveurs à tous : mais aussi-tôt après la
» jouissance, elle les transformait en pois-
» sons, et les jettait dans les flots. Le Soleil,
» irrité, bannit la Magicienne ; et celle ci,
» cédant, soit à ses remords, soit à la pitié,
» métamorphosa de nouveau, en hommes,
» les infortunés qu'elle avait changés en
» poissons : telle est l'origine des Ichtyo-
» phages ».

Onésicrite, dans cette expédition, montait le vaisseau Amiral d'Alexandre, et publia de son côté un journal qui, au rapport de l'antiquité, contredisait celui de Néarque. J'aime à croire que ce Périple, qui n'existe plus, n'avait pas des fables pour bases : il serait aussi trop douloureux pour l'esprit humain, que deux contemporains d'Aristote, de Démosthène et d'Archimède, se réunissent à faire disparaître les hommes en abordant à une Isle du Soleil, et à donner à une Néréide qui se prostitue, la baguette des métamorphoses.

Périple de Pythéas.

Carthage, depuis long-tems, remplissait l'univers de sa renommée; l'on ne parlait que de ses navigations hardies, de l'activité de son commerce et de ses nombreuses Colonies : sur-tout les Périples, soit du second Hannon que le tems nous a conservés, soit d'Himilcon, qui n'existe plus, tenaient en suspens les Puissances rivales, et on en parlait avec d'autant plus de chaleur, qu'on ignorait la route qu'avaient tenue ces navigateurs, au sein des mers orageuses qu'ils avaient parcourues.

Marseille, Colonie Phocéenne, qui avait déjà une marine florissante, quelques générations après Hérodote, conçut le projet hardi de deviner le secret de Carthage : elle chargea à cet effet, Euthimène et Pythéas d'une double expédition : le premier eut ordre de se diriger vers le Sud, à la recherches de la route de Hannon ; l'autre fit voile vers le Nord, à la trace d'Himilcon : nous ne connaissons le premier que par quelques mots vagues de Sénèque et de Marcien d'Héraclée ; mais le nom et les travaux de Pythéas nous sont parvenus avec toute la gloire dont sa patrie était entourée.

Pythéas est le premier des Grecs qui ait attribué à la lune l'influence des marées : son génie a précédé de vingt siècles celui du grand Newton, qui a tiré un parti sublime de cette découverte.

Le Périple de cet homme célèbre, s'est perdu avec ses ouvrages astronomiques, qui subsistaient encore au cinquième siècle de notre ère vulgaire ; mais l'histoire nous a transmis quelques détails sur la navigation mémorable qu'il exécuta sous les auspices de Marseille.

Nous savons que Pythéas, à la tête d'une flotte destinée à des découvertes, sortit par le Détroit des Colonnes d'Hercule, cotoya la Lusitanie, l'Espagne et les Gaules, se rendit aux Isles Hébrides et à la Grande Bretagne, et remontant vers le Pôle jusqu'au Cercle Arctique, découvrit une Isle où, pendant le Solstice d'été, le soleil paraît sur l'horizon l'espace de vingt-quatre heures ; cette Isle est évidemment l'Islande. Pythéas la désigne sous le nom de Thulé, et depuis cette époque, l'antiquité en a fait les limites de l'Univers.

Ce grand navigateur aurait bien désiré s'élever encore plus vers le Pôle, pour résoudre un grand problème sur la sphéricité du Globe; mais il en fut détourné par les

Isles de glace de sa mer Cronienne, qui est notre mer Glaciale. Alors il revint sur ses pas, et s'enfonça dans la Baltique, pour y trouver l'ambre, objet du commerce le plus précieux parmi les Colonies Phéniciennes; sa tentative eut le succès le plus heureux, et il revint à Marseille jouir en paix de toute sa renommée.

La navigation de Pythéas, quoique faite seulement depuis environ vingt siècles, n'est point indifférente pour cet ouvrage, parce que son auteur semble tenir le dernier anneau d'une grande chaine, qui se perd dans la nuit des âges. Il suivait, au travers des mers de l'Europe, la route que lui avait tracée Himilcon : Himilcon était l'émule des anciens Amiraux de Carthage : ceux-ci héritaient des découvertes des Phéniciens, qui tenaient, par quelques peuples intermédiaires, au Monde Primitif.

PÉRIPLE DE SALOMON.

Je n'aime point à faire marcher de pair avec les annales de Tacite ou les écrits de Polybe, ces contes historiques des Hébreux, qui font, depuis dix-huit cents ans, la religion de l'Europe : on ne parle pas de la même manière à l'entendement du Sage et à la crédulité du peuple; et, s'il faut faire de la Bible la base de toute croyance humaine pour les faits, il faut anéantir l'histoire.

La vie de Salomon est sur-tout un tissu de fables Orientales; il est dit, dans les Livres Saints, que ce Monarque était maître d'un vaste Empire, qui s'étendait de l'Euphrate à la Mer Rouge et à la Méditerannée: or, l'écrivain Sacré avoue en même-tems qu'il y avait des Rois à Tyr, à Sidon et à Damas : c'est comme si l'on disait que Romulus était Souverain de l'Italie, quand les

Etruriens, les Volsques, les Sabins circonscrivaient sa domination de toute part, et qu'il fallut à Rome quatre cents ans de victoires pour régner en paix sur les bicoques du Samnium.

Le calcul des richesses que David laissa à son fils, est encore plus digne des exagérations de la féerie que de la majesté de l'histoire : il est dit qu'il lui légua en numéraire cent trois mille talents d'or et un million treize mille talents d'argent, sans compter les bijoux et les pierreries : or, si on évalue cette somme d'après le talent d'Alexandrie, que la Palestine avait adopté, il s'ensuivrait qu'il avait dans son trésor royal dix sept milliards cent soixante-un millions deux cents mille livres, calcul sans base, puisqu'en aucun tems, il n'y a eu une pareille quantité de numéraire circulant, soit en Asie, soit en Europe.

Mais en relevant les mensonges historiques des Révélations, il faut respecter leur autorité quand elles rapportent des faits vraisemblables, qui se concilient avec le témoignage des nations. Tels sont les fameuses navigations que Salomon fit exécuter à Tharsish et au pays d'Ophir : il ne s'y trouve aucun prodige, qui en rende la narration suspecte, et la croyance s'en est conservée jusques dans des contrées, où le nom du Peuple de Dieu n'était pas parvenu.

Il est dit dans le texte Sacré, que Salomon se rendit lui-même à Esiongaber, sur les bords de la Mer Rouge, pour présider à la construction de l'escadre qui devait reconnaître la Contrée la plus riche de l'Univers, et c'est ce qui m'autorise à mettre le Périple d'Ophir, sous le nom de ce Prince, qui, sans doute, n'écrivoit que pour lui cet Ouvrage, pour ne point éveiller la jalousie des puissances rivales, et affaiblir par-là les sources de son opulence.

Le même texte Hébreu ajoute que les vaisseaux de la flotte rapportaient à Salomon, outre l'or en lingots, du bois de thym (ou de sandal) des dents d'éléphants, des paons, des singes et des aromates : or, tous ces objets de commerce se trouvent encore, ou au pays d'Afrique qui répond à Ophir, ou sur la route.

La Bible suppose qu'il fallait trois ans pour un pareil voyage, et comme il avait été exécuté plusieurs fois sous les auspices de Salomon, il paraît que c'était un tems déterminé, qu'on ne pouvait ni abréger, ni étendre : or, la combinaison des vents Etésiens, depuis l'entrée de la Mer Rouge jusqu'à Ophir, et d'Ophir jusqu'au port d'Esiongaber prouve, avec la dernière évidence, qu'il faut précisément trois ans pour faire un pareil trajet, quelle que soit la bonté du vaisseau et le génie du Navigateur.

Les Livres Saints ne dissimulent pas que le Monarque de la Palestine fut obligé, pour ses expéditions, d'emprunter des Pilotes et des Matelots à Hiram, Roi de Tyr;

et cet aveu ajoute un nouveau poids au Périple de Salomon ; car il est évident que sans les Phéniciens, les premiers Navigateurs du Monde connu, jamais les petites Jonques Hébraïques n'auraient pu arriver, sans faire naufrage, jusqu'au Détroit de Babel-Mandel.

Le trait même du récit qui regarde la richesse des retours, ne prête pas évidemment au scepticisme ; il y est dit que le fruit d'une seule de ces expéditions fut une somme de quatre cent cinquante talents d'or, qui alla se perdre dans le trésor royal de la Palestine : or, cette somme ne répond qu'à un peu moins de trente-huit millions, et il y a loin de là aux dix-sept milliards que David laissa à son fils ; ce David, qui avait un palais en bois, et qui ne montait qu'une mule, quand il se fit couronner.

Tout ce récit des Livres Saints, malgré la baguette magique des Révélations, ne sort donc point des bornes étroites de la vraisemblance.

Le grand point de discussion est de savoir quel est ce pays d'Ophir, qui était le Potosi de l'antiquité, et dont le voyage et le retour n'exigeaient que trois ans, en partant du port le plus reculé de la Mer Rouge.

Les Savans de tous les pays et de tous les cultes se sont partagés sur cette question : les uns ont cru que l'Ophir de Salomon désignait l'Espagne ; les autres, les Isles de la Sonde : il y en a qui l'ont cherché à Saint Domingue : d'autres tout simplement au Pérou, dans ces mines fameuses d'où les Espagnols ont tiré si long-tems leur fausse opulence, et les désastres de l'Amérique.

Aucun de ces paradoxes ne peut soutenir un moment les regards de la Philosophie, sur-tout si on emprunte toutes les données offertes par la Bible, pour la solution du problème.

L'Historien Josephe, plus près de la source, semblerait avoir plus de droits à notre croyance, quand il dit que l'Ophir de Salomon était dans l'Inde, et désignait la Chersonèse d'or des Anciens, qui est notre Presqu'isle de Malaca : mais il est démontré aujourd'hui par les Marins, que quelque faible voilier que soit un navire, il ne lui faut qu'un an pour exécuter un pareil voyage.

C'est par le même motif qu'il faut abandonner l'opinion du Jésuite Tieffenthaler, qui, traduisant le bois de thym par le bois de canelle, et trouvant les mines d'or où elles n'existent pas, veut que le Pérou du Fils de David ne soit que notre Isle de Ceylan, qui répond à l'ancienne Taprobane.

C'est le savant Huet, l'Evêque d'Avranches, qui a donné le premier trait de lumière sur la situation d'Ophir, et le Périple fidèle de Salomon.

Il trouve que toutes les conditions du problème peuvent s'appliquer à Sofala, sur la côte Orientale de l'Afrique, et toutes les connaissances recueillies depuis cette époque, confirment la vérité de cette découverte.

Le Dominicain Juan Dos-Santos, qui était sur cette côte Africaine en 1586, atteste qu'ayant remonté le grand fleuve Cuama, où les Moines de son Ordre, pour être dans le voisinage de l'or, avaient placé leur couvent, vit, dans l'intérieur des terres, une montagne d'Afura, féconde en mines d'or, qu'on exploitait. A une grande distance de ce second Potosi, se trouvaient les mines d'argent de Chicona : non loin des excavations formées pour le travail de ces mines, le sol était jonché de ruines d'édifices construits en pierres de taille, ce qui contrastait avec la misère actuelle du pays, dont les Rois étaient trop heureux de donner leur audience dans une chaumière.

D'ailleurs, c'est une tradition généralement adoptée dans toute cette partie de l'Afrique, que la Reine de Saba, qui vint demander à Salomon son amitié et un enfant, résidait aux environs de Sofala : la tradition orale s'en est conservée dans toute la Cafrerie.

Le témoignage le plus précieux pour mettre à Sofala l'Ophir du Fils de David, est celui du Chevalier Bruce, qui a employé depuis 1768 jusqu'en 1773, à retrouver les sources du Nil, perdues, du moins pour l'Histoire, depuis tant de siècles.

Il a consulté en Abyssinie l'opinion générale, et elle l'a convaincu que les mines d'or de Sofala étaient la source non équivoque de l'opulence des Phéniciens, et par contre-coup, de la Palestine.

Le Périple de Salomon, dans cette hypothèse, se justifierait par les observations nautiques, avec autant de facilité que celui du second Hannon, qui partit de Carthage pour

pour arriver au Cap des Trois Pointes.

La Flotte de Salomon partait, en été, du Port d'Esiongaber, et profitait de la mousson du Nord pour arriver à Moka; au mois d'Auguste, elle pouvait être tranquillement à l'ancre sous le Cap Gardafuy, au Promontoire des Aromates.

Là, l'Escadre était obligée d'attendre une nouvelle direction des vents pour continuer sa route, et pendant ce tems-là, elle échangeait les marchandises Phéniciennes contre de l'encens, de la myrrhe et de l'ivoire.

En novembre, les vaisseaux partaient avec un vent de Nord-Est, et ils auraient bientôt achevé leur route, s'ils n'avaient pas rencontré, à la hauteur de la Côte de Melinde, une mousson irrégulière du Sud-Ouest qui les obligeait de relâcher à un port de Tharsish, dont le nom subsiste encore, sur cette côte barbare, malgré un intervalle de plus de deux mille huit cents ans, qui aurait dû en anéantir la trace.

La Flotte Judéo-Phénicienne restait à Tharsish jusqu'en mai de l'année suivante, que le vent, passant au Nord-Est, la portait à Sofala en moins de trente jours.

Là, les agens de Hiram et de Salomon restaient jusqu'au mois de décembre de la seconde année, pour faire leurs chargemens d'or, et embarquer leurs singes, leur bois de sandal et leurs aromates.

La Flotte, à cette époque, repartait de Sofala avec la mousson du Sud-Ouest, qui, en peu de semaines, les aurait ramenés dans la Mer Rouge; si, à la hauteur de Tharsish, ils n'avaient pas rencontré celle du Nord-Est, qui l'obligeait à relâcher encore quatre mois dans ce port. Enfin, en mai de la troisième année, le vent du Sud-Ouest reprenant sa direction, les vaisseaux franchissaient le détroit de Babelmandel, et entraient dans la Mer où était le port d'Esiongaber. Le Chevalier Bruce a calculé que, pour exécuter le Périple de Salomon, il fallait changer six fois de mousson, ce qui suppose précisément trente-six mois de route : une Carte Géographique qu'il a fait dresser, depuis l'entrée de la Mer-Rouge jusqu'à Sofala, pour marquer la route des Argonautes Hébreux, porte presque jusqu'à la démonstration mathématique, la justesse de son hypothèse.

Périple de Scylax.

L'histoire en a conservé un souvenir brillant : nous savons par elle que Scylax était l'Amiral du premier Darius, et que ce fut sous les auspices de ce Roi de Perse, que descendant l'Indus jusqu'à son embouchure, il entra dans la Mer-Rouge par le Détroit de Babelmandel ; il mit deux ans et demi à ce trajet, et le souvenir de sa navigation s'effaça si peu en Orient, que les pays dont il avait fait la découverte à main armée, formaient encore, du tems d'Alexandre, la vingtième Satrapie de la Perse.

Malheureusement il est démontré qu'il y

a eu plusieurs Scylax; et que celui qui a écrit le Périple que nous possédons aujourd'hui, donnant aux villes des noms qu'elles n'ont eu que postérieurement, ne saurait être confondu avec le fameux Amiral de Darius.

D'ailleurs, ce Périple qui nous est parvenu mutilé, n'offre qu'une froide et aride nomenclature de noms de villes en Europe, en Asie et en Afrique, avec l'évaluation, souvent arbitraire, des distances.

Une lecture attentive ne m'a fait discerner, dans cet ouvrage, que deux traits, qui, consacrant une tradition bien antérieure au premier Scylax, déchirent un peu le voile étendu par le tems et les préjugés sur le Monde Primitif.

L'un est le texte, où il rapporte que la Libye fut autrefois une Peninsule : ce qui confirme la théorie, qu'à l'origine des Empires, l'Océan couvrait encore de ses vagues, toutes les contrées basses de l'Afrique : l'autre est le passage, où il place une Isle déserte entre la Corse et la Sardaigne : passage important qui confirme ce que j'ai osé avancer le premier, sur l'antique jonction de ces deux Isles de la Méditérranée, et par contre-coup, mon opinion, si neuve et si vraisemblable, sur l'étendue de l'Atlantide et sur son naufrage.

Périple de l'Hercule Oriental,
ou, Navigation mémorable des Argonautes Primitifs.

Si ce Périple qui termine nos recherches sur les grandes navigations des âges primitifs, est ici traité à part, et avec quelque étendue, c'est que l'antiquité offre peu d'événemens, qui aient laissé dans son souvenir une trace plus profonde que l'expédition des Argonautes. On en retrouve des monumens dans son histoire, dans ses vers et dans ses statues. Quelques vues sur cette fable célèbre, un petit nombre d'étymologies forcées et beaucoup de conjectures sur les conjectures des anciens Philosophes, auraient suffi, peut-être, au lugubre Boulanger, pour faire sur cette merveille historique une nouvelle *Antiquité dévoilée* ; car il n'y a rien qu'on ne trouve, quand on a une imagination ardente, quand on substitue des citations Arabes à des raisons, et qu'on veut faire un système.

Orphée avait composé un poëme sur cette expédition, dont il avait été un des héros ; c'est ce qui est arrivé aussi à Dom Alonso d'Ercilla, le Virgile de l'Espagne ; mais les *Argonautes* d'Orphée se sont perdus, et l'*Araucana* s'est conservée.

Epiménide, ce Grec fameux qui dormit, dit-on, cinquante-sept ans dans une caverne, et qui, s'étant couché ignorant, se reveilla Philosophe, Epiménide, dis-je, composa aussi six mille cinq cents vers sur la conquête de la Toison d'or. Le poëme dort avec le poëte dans la nuit éternelle.

Depuis, on a fait trois autres Odyssées sur ce voyage des Argonautes, mais qui, ne faisant d'ordinaire que coudre ensemble des traditions disparates, qui, confondant la Géographie des différens âges, et qui, d'ailleurs, n'étant le plus souvent que des gazettes versifiées, nous font regretter la perte des ouvrages d'Orphée et d'Epiménide.

Le Poëme qu'on semble, non pas lire, mais citer le plus, est d'un Onomacrite, qui osa prendre le nom du Chantre de la Thrace, sans avoir son génie et sa renommée.

Il en existe un second, d'Apollonius d'Alexandrie, que nous nommons Apollonius de Rhodes; c'était un des sept Poëtes de la Pléyade Grecque; son talent le fit nommer successeur d'Eratosthène, dans la garde de la belle bibliothèque des Ptolémées; mais il ne faudrait pas tout à fait le juger par ses *Argonautes*, ouvrage de sa grande jeunesse et d'une aridité rare, excepté dans son épisode des amours de Médée, qui a servi de modèle à Virgile, dans son chant admirable des amours de Didon.

La dernière Odyssée qui nous reste sur la Toison d'or, est de Valerius Flaccus, qui vivait sous Domitien, et qui n'a pas rougi d'en offrir, à ce nouveau Néron, la dédicace. Ce poëme ne nous est pas parvenu entier ; il paraît copié d'après celui d'Apollonius, et malgré son abondance verbeuse et sa faiblesse, il a été jugé, plus d'une fois, digne des honneurs d'un commentaire.

Cependant il faut être juste : de ces poëmes épiques, il y en a un qui mérite d'être distingué par l'historien des hommes : c'est celui d'Onomacrite : son auteur a cherché à faire revivre l'ouvrage d'Orphée. Il a rassemblé une foule de faits qui nous éclairent sur la Géographie des Ages primitifs : et ceux de ses textes qui nous paraissent les plus étranges, se concilient quelque fois avec ceux des historiens les plus distingués, tels que les Timée, les Ephore, les Strabon et les Ptolémée.

En général, quelque faibles que soient tous les poëmes qui nous restent sur l'expédition des Argonautes, l'évènement qui en fait la base, n'en paraît pas moins digne de l'hommage des siècles ; car les Poëtes de divers âges et de diverses nations, ne se donnent pas le mot pour chanter un voyage frivole, fait par des héros condamnés à l'oubli. En vain le mauvais goût a régné en France depuis les Rois de la première race jusqu'à François premier : on ne s'est pas avisé de faire cinq poëmes épiques sur les voyages de Mérouée, ou sur les expéditions de Childebrand.

Malheureusement cet évènement si mémorable, semble pour nous caché sous un triple rideau de nuages ; le tems a détruit la plus grande partie des mémoires originaux ; la vanité Grecque ou Romaine a pris plaisir à falsifier la tradition qui devait suppléer à leur absence ; et quand la Philosophie moderne a voulu travailler sur un sujet si digne d'elle, elle n'a plus trouvé que des historiens qui se copiaient les uns les autres, ou des savans qui se contredisaient pour faire valoir leurs systèmes.

Encouragé par les obstacles même qui auraient arraché la plume à des historiens vulgaires, je me suis livré à toutes les recherches les plus arides, pour lier ensemble la masse des faits, et j'ai jetté ensuite cette masse informe dans le creuset de la critique, pour en séparer tout ce que l'orgueil et la crédulité pouvaient y avoir inséré d'hétérogène. Mon travail n'a point été inutile, et je suis arrivé à des résultats heureux, qui m'ont amplement dédommagé de la fatigue de mes recherches.

L'importance de ces résultats me fera pardonner aisément de m'être étendu sur cette expédition des Argonautes, qui tient à peine quelques lignes dans les histoires ordinaires : on verra qu'ils répandent la plus grande lumière, non seulement sur les annales primitives de la Grece, dont je débrouillerai un jour le cahos, mais encore sur la géographie des premiers âges du Globe, qui occupe en ce moment tous mes crayons.

Tous le monde connait la petite expédition de la Colchide, dont le sage Diodore nous a donné le tableau, et où Jason et Médée jouent un si grand rôle : cette futile conquête de la dépouille dorée d'un belier, qui servait de Palladium à la petite Monarchie d'Aëtes, se trouve consacrée par tous les livres de l'antiquité et par leurs médailles ; mais quand on lit avec attention le récit de Diodore, et qu'on veut le confronter avec ceux d'Onomacrite, de Valerius et d'Apollonius, on est arrêté à chaque pas : on croit voyager dans deux mondes différens, qui n'ont de rapport entr'eux que par la ressemblance d'un petit nombre de Phares qui en éclairent la route.

Aprés avoir long-tems réfléchi, dans le silence de tout préjugé, sur cet évènement, qui a ouvert, chez les anciens, toutes les bouches de la renommée; il m'a paru démontré, qu'il y avait eu, à des époques très-distinctes, deux expéditions mémorables dans la Colchide.

Les Grecs, comme je ne puis me lasser de le répéter, étaient un peuple de plagiaires; parvenus au plus haut période de leur gloire, et devenus les instituteurs du Monde civilisé, ils envahirent toutes les réputations; ils composèrent leur mythologie avec les Dieux des hommes primitifs, et leur ancienne histoire avec des héros qui ne leur appartenaient pas. Cette vanité nationale pouvait se pardonner à un esclave des Pharaons, qui, n'ayant jamais rien créé dans les arts, ne pouvait avoir des héros indigènes, mais non à des Républicains qui eurent un siècle de génie, où ils pouvaient opposer à tout ce qui existait de grand parmi les hommes, leur Homère et leur Aristide, leur Léonidas et leur Socrate.

Tout sert à confirmer aux siècles, la distinction des deux expéditions dans la Colchide; les merveilles de l'un des deux récits qui désignent son époque vers l'âge des fables, l'abus que les Grecs ont fait du nom d'Hercule, en confondant le héros de Thèbes, qui présidait à l'un des deux voyages, avec celui de l'Orient, qui était l'ame de l'autre, et sur-tout, la différence marquée des deux Géographies que suppose la double invasion dans la Colchide.

Le voyage vraiment exécuté par Jason, est celui que nous verrons dans l'histoire de la Grèce, et dont la plupart des détails nous ont été transmis par Diodore. Sa narration simple et dénuée de merveilleux, n'a que très-peu dénaturé cet évènement. L'historien ne donne point à ses héros une taille gigantesque, qu'une raison éclairée ne manque jamais de réduire. Il sent qu'il ne faut mettre que des hommes en scène, quand on a à parler à des hommes.

Mais, quand on combine, avec la sagacité philosophique, la narration des poëtes et celle de Diodore, on ne peut s'empêcher d'y reconnaître les traces d'un voyage antérieur, infiniment plus célèbre, et qu'il est impossible de confondre avec la petite expédition de pirates, exécutée par le séducteur pusillanime des Médée et des Hypsipile.

L'idée de ce voyage antérieur, toute neuve qu'elle est, n'offre rien de paradoxal ; on verra bientôt sa prodigieuse fécondité : elle résout une multitude de problèmes, que nous nous obstinions à regarder comme insolubles : elle répand le plus grand jour sur les origines, et sur la Géographie de l'Univers.

Il n'y a pas jusqu'au culte religieux des peuples, le plus antique et le plus sacré de leurs monumens, qui n'y puise un de ses dogmes fondamentaux : celui d'un Dieu rémunéra-

teur et vengeur. Presque toutes les Odyssées des Argonautes les font voyager dans
des Champs Elysées, séjour du juste, et
dans une espèce de Tartare, prison des pervers. Nous parlerons bientôt de la Macrobie,
le Paradis d'Onomacrite : la Cimmérie, qui
est son Enfer, ne prête pas des couleurs
moins justes à son tableau.

« Cette Cimmérie, dit le copiste d'Or-
» phée, est inaccessible aux feux du So-
» leil. ...... Notre route nous conduisit
» vers un de ses promontoires, dont la
» contrée glacée est arrosée par le fleuve
» de l'Achéron : non loin est le peuple des
» Songes, ainsi que les portes de l'Enfer.
» C'est là qu'Ancée harangua les Argonautes,
» et leur fit espérer la fin de leurs tra-
» vaux. »

La position de ce Tartare en Cimmérie
c'est à dire, non loin du Cercle Polaire, est
un peu plus heureuse que celle que le chantre
harmonieux d'Enée donne à son lac Averne,

qu'on voit encore auprès des ruines du Temple d'Apollon ; il est certain que cette partie de l'Italie n'offrait pas un ciel moins riant du tems de Virgile que du nôtre ; on peut en juger par l'estampe qui en présente le site pittoresque. Des pervers condamnés à y passer leur vie seraient tentés d'y voir la récompense de leur perversité.

On voit par ce tableau que quelques-uns de nos garans, sur l'expédition des Argonautes, sont des Poëtes, mais je suis bien loin d'adopter tous les contes dont ils ont embelli ce premier voyage. Presque tous les faits se sont altérés en prenant la teinte de leur imagination; cependant ces faits existent, et c'et à nous à pressentir, sous l'écorce des fables, le noyau de vérité qu'elle enveloppe.

Il faut brûler tous les livres de l'antiquité, ou avouer qu'il y a eu une expédition des Argonautes, qui a fait époque dans l'histoire du Globe. C'est celle qui a fourni la matière de cinq poëmes épiques; et il serait bien

bien absurde de prendre pour cette expédition à jamais mémorable, la petite navigation sur le Pont Euxin, exécutée par un pirate efféminé, qui allait enlever l'or de Phryxus et les femmes de la Mingrélie.

Ce grand voyage, grace à la présomption des Grecs s'est fondu peu à-peu avec la petite course maritime de Jason : mais il est aisé de l'en séparer, à cause des grands traits qui le caractérisent.

Il me paraît démontré que la première expédition des Argonautes, eut pour objet de reconnaître le Continent de l'Europe, à l'époque où il commença t à s'élever au-dessus des eaux. Ce voyage était pour le Monde Primitif, ce qu'a été pour Colomb la découverte de l'Amérique, et pour le généreux Cook, la navigation autour des terres Australes.

S'il est vrai que le nom du navire Argo vienne du Phénicien Arco, qui désigne le vaisseau long, destiné aux voyages de long cours, rien n'empêche que l'expédition des âges primitifs, ainsi que celle de Jason, n'ayent pu être connues également sous la dénomination d'expédition des Argonautes.

Nous verrons dans l'histoire des Phéniciens, que ce peuple industrieux, qui échangeait ses lumières contre l'or des nations, était lui-même dépositaire d'une partie des connaissances de ces hommes antiques, que le défaut de monumens nous a forcés d'appeller Atlantes; c'était d'eux, sur-tout, qu'ils tenaient les premiers élémens de l'art de naviguer, et il n'est pas étonnant qu'avec leur astronomie nautique, ils ayent conservé une partie de leur grammaire.

Tout me porte à croire que l'histoire de cette première navigation fut écrite ou du moins traduite originairement en Phénicien. On voit que les Poëtes Grecs qui voulurent relever les héros subalternes du siècle de Jason, abusèrent de l'équivoque des termes de cette langue, pour donner quelque base à leurs fables Mythologiques. Comme le mot Syrien gazath signifie en même tems un trésor et une toison, ils inventèrent le conte de la Toison d'or. Le terme saur, qui désigne à la fois un rempart et un taureau, fit naître l'idée du taureau vomissant des flammes, qui servit de rempart contre les ravisseurs du trésor. Enfin, le mot Nachas, qui sert également à exprimer de l'airain et un dragon, conduisit à la fable du serpent ailé, que le chef des Argonautes endormit pour s'emparer impunément de la toison. Toute cette histoire, dépouillée de son enveloppe hyéroglyphique, signifie simplement qu'il y avait une grosse somme d'or renfermée dans un port de la Colchide; qu'un navigateur audacieux trouva le moyen d'assoupir la vigilance des soldats couverts d'airain, qui étaient préposés à sa garde, et qu'ensuite il s'empara de la forteresse, malgré les feux qu'on lui lançait du haut des murailles. Quand on a la patience de lire dans cet esprit philosophique, les anciens contes de la Mythologie, et les rapsodies Alchymiques, qui traitent du grand œuvre, on rencontre çà et là quelque vérité, qui dédommage de l'ennui que tant d'absurdités frivoles causent à la raison.

J'ai parlé de rapsodies Alchymiques à propos des Argonautes, et je m'éloigne moins de mon sujet qu'on ne pense. Suidas, et Eustathe, dans ses notes sur Dényss le géograpge, ont écrit sérieusement que Jason alla en Colchide pour chercher le grand-œuvre; le trésor qu'on y gardait avec tant de soin, était, disent ils, un livre précieux qui apprenait à convertir en or les métaux; et comme ce livre était écrit sur une menbrane de bélier, on l'appella la Toison d'or. Assurément les Grecs, du siècle de Jason, étaient trop ignorans pour exposer leur vie, dans le dessein de conquérir un livre. Mais cette tradition a pu naître de la trace profonde, que le voyage des Argonautes pri-

mitifs, avait laissée dans la mémoire des
hommes. Ce voyage était si mémorable,
que les Poëtes, comme nous l'avons déjà re-
marqué, y ont trouvé la matière de cinq
Odyssées, et les Paracelses du moyen âge,
l'apologie de leurs rêveries sublimes sur le
grand-œuvre.

Nous avons vu, dans les premiers volumes
de cet ouvrage, et nous verrons encore
mieux dans les origines de la Grèce,
par quelle gradation insensible l'Asie Mineure et le Péloponèse, partagés à leur
naissance en divers Archipels, se réunirent
en deux grandes îles, pour faire ensuite partie, l'un du Continent de l'Asie, et l'autre
du Continent de l'Europe. Les hommes primitifs voyant de tous côtés la nature s'aggrandir sous leurs pas, dûrent songer de
bonne heure à reconnaître l'étendue de leur
empire : à peine la navigation commença-
t-elle à prendre son essor, qu'ils trouvèrent
des Colomb, qui allèrent à la découverte des

mondes, et la première tentative heureuse en ce genre, donna naissance à l'histoire des Argonautes.

Un homme célèbre présida à cette expédition mémorable; c'est l'Hercule Oriental, dont Sanchioniaton a été l historien, et que Diodore fait antérieur de cent siècles au fils adultérin d'Amphytrion.

Nous ne tarderons pas à épuiser nos crayons sur ce premier Hercule, le héros de la famille d'Ouranos; et quand on rapproche les détails rassemblés sur sa personne, des idées que nous jettons sur la plus mémorable des expéditions des Argonautes, il est difficile de ne pas reconnaître que lui seul put en être l ame. Ce n'est point au bâtard d'Alcmène, et encore moins à ce Jason, le séducteur pusillanime de toutes les femmes, que conviennent les luttes contre les géants à six bras, le transport d'un vaisseau sur ses épaules au travers des montagnes, et tous ces exploits merveilleux de Paladins, dont les Homères des Argonautes font honneur au chef de l'expédition de la Colchide ; il est très évident qu il s'agit ici des mœurs et des héros des premiers âges. Le judicieux Diodore donne à cet égard des principes de critique, que le siècle qui s'honore le plus du nom de philosophique, doit se faire gloire d'adopter. « Les Grecs, » dit cet historien, ont tort de transférer à » l'Hercule qu'ils ont vu naître, les exploits » et la gloire de l'autre. Ils assurent, par » exemple, que le fils d'Alcmène défendit » Jupiter contre les géants ; mais il ne pou- » vait y avoir de géants vers l'époque de la » prise de Troye. Les monstres dont ils pré- » tendent qu'il a purgé la terre, n'ont pu » aussi paraître, dans un tems où des villes » puissantes étaient habitées par des peuples » civilisés. Les armes seules qu'on lui don- » ne, telles que sa massue, annoncent les » siècles reculés où il a fleuri. Alors les » armes offensives et défensives n'avaient » pas encore été inventées, et les hommes

» ne luttaient entr'eux qu'avec des bâtons.
» Ces bâtons avaient succédé, sans doute,
» aux armes de la nature ».

Le pilote de ce voyage maritime de l'Hercule Oriental, fut Typhis, si connu dans l'antiquité, pour avoir été le premier navigateur. L'hypothèse Grecque qui le place dans le vaisseau de Jason, offre trop d'absurdités à dévorer. Comment oserait-on dire que le premier homme qui dompta les mers, ne parut qu'environ un demi-siècle avant la prise de Troye; tandis que les marins étaient, de tems immémorial, dans l'usage de prendre la hauteur du Pôle; que l'Isis, si révérée en Égypte, passait pour avoir fait la découverte des voiles, et que les Phéniciens étaient regardés en Europe, comme la tige des Colonies qui avaient peuplé le Péloponèse?

Ce Typhis, qui s'était fait une patrie nouvelle sur un élément qu'il avait subjugué, ne pouvait être né que dans le sein des mers, suivant la logique des Poëtes : aussi est il nommé fils de Neptune, dans l'Odyssée d'Onomacrite.

On ne s'attend pas, sans doute, que nous donnions une interprétation suivie de toutes les visions des premiers Argonautes, dans leur route périlleuse sur le Pont-Euxin. Un bélier à toison d'or qui a des ailes et qui parle ; un navire qui rend des oracles ; des géants à six bras qui s'opposent à la descente des héros ; des oiseaux de l'île d'Arès qui lancent leurs plumes en qualité de flèches ; toutes ces merveilles, dis-je, d'une imagination exaltée, peuvent plaire dans un chant de l'Arioste, mais non dans une histoire du Monde Primitif.

Ce n'est pas qu'avec l'esprit interprétatif des Bailly et des Gebelin, il ne nous fut très-aisé d'expliquer, sinon d'une manière vraie, au moins d'une manière ingénieuse, la plupart de ces rêveries des Mythologistes. Par exemple, le fameux bélier qui porte Phryxus sur son dos au travers des mers, pouvait être, comme l'insinue Diodore, un vaisseau ayant un bélier à sa proue; la toison d'or désignait le trésor enlevé à Athamas; il avait des ailes, à cause des voiles qui lui servaient à voguer sur les flots; on a dit aussi qu'il parlait, mais c'est dans le sens, suivant lequel on a fait parler le cheval de Troye, c'est-à-dire, en rapportant au vaisseau le langage des héros qui y étaient renfermés.

Toutes ces explications sont si aisées, elles s'adaptent si également à tous les systèmes, que le critique judicieux doit s'en défier; de plus, qu'importe à la grande question que nous osons traiter, l'interprétation des contes Orientaux, qui ne tiennent pas évidemment à l'un des deux voyages de la Colchide? Hâtons-nous d'arriver aux preuves directes de notre conjecture philosophique sur la navigation mémorable des Argonautes du Monde Primitif.

Une de ces preuves, dont rien ne saurait

affaiblir la force, vient de l'état du Globe, à l'époque infiniment reculée où l'Hercule Oriental, après avoir reconnu les îles de l'Asie Mineure et du Péloponèse, fit le tour du monde connu, pour revenir à l'antique métropole du Caucase.

Nous savons, par la relation d'Onomacrite, que le navire Argo, après son expédition à Colchos, entra par les Palus-Méotides dans la mer Septentrionale, fit le tour de l'Asie et de l'Afrique, et rentra en Europe par le détroit de Gibraltar. Cette navigation hardie, jugée impossible par le peuple de nos géographes, découle naturellement de notre théorie sur le Monde Primitif, et met le sceau de l'évidence à la distinction des deux voyages des Argonautes.

Au reste, quoiqu'Onomacrite, ainsi que les chantres d'Énée et d'Achille, ait bâti son poëme sur une tradition authentique, cependant, comme le mot de poëme pourrait donner quelque défiance à la raison éclairée du dix-huitième siècle, il n'est point inutile d'observer que cette partie de l'Odyssée des premiers Argonautes, qui révolte nos Boache et nos Danville, est justifiée par les monumens les plus sacrés de l'histoire.

Pour entendre parfaitement ce premier voyage autour de notre Continent, il faut se rappeller notre théorie du Globe, et avoir sous les yeux la Carte du Monde Primitif.

L'Europe n'a pas toujours été jointe à l'Asie : il y a une époque inaccessible aux recherches de la chronologie, où le Pont-Euxin communiquant d'un côté à l'Océan Septentrional, et de l'autre à la mer Caspienne, formait de cette vaste région une île isolée au sein des mers; nous avons épuisé à cet égard toutes les preuves tirées de la physique et des monumens littéraires, pour affermir les bases de cet ouvrage.

Le Globe étant figuré, suivant la projection de notre Carte philosophique du

Monde Primitif, le voyage des anciens Argonautes, inexplicable dans tous les systêmes vulgaires, découle naturellement de nos idées, et en devient à son tour une preuve nouvelle. Examinons dans cet esprit la tradition Orientale, sur le plus ancien des voyages connus autour du monde.

Le Caucase, dont tant de monumens font la métropole des hommes Primitifs, étend ses branches du côté de l'Arménie, de l'Albanie et de l'Ibérie, presque jusques sur les rives du Pont-Euxin; le Phase même, le premier des fleuves de la Colchide, y prend sa source; le peuple indigène du Caucase put donc, de la cîme de ses rochers, voir se former autour de lui les iles diverses de l'Asie Mineure, du Péloponèse et de la Colchide, et desirer d'y étendre ses colonies.

L'Hercule Oriental partit du pied du Caucase, sur un frêle navire, construit pour naviguer, soit à l'aide des rames, soit à l'aide des voiles; et voici son Périple, qui, d'après les idées jettées dans le cours de cet Ouvrage, a bien au moins l'authenticité de celui de Hannon, l'Amiral de Carthage.

Comme l'Asie Mineure, à cette époque, ne tenait point à la terre ferme, nos navigateurs purent la côtoyer ou par le Nord, ou par le Midi; il est probable qu'ils dirigèrent leur course du côté du Midi, et par conséquent qu'ils préférèrent la route de la Méditerrannée à celle du Pont Euxin.

J'aime à croire que ce fut en longeant les côtes de cette Asie Mineure, qu'un des Argonautes primitifs ayant perdu la vie, l Hercule Oriental lui fit ériger le tombeau simple et sans art qu'on voit encore à Mylase, et dont, malgré le génie systématique de nos savans, le héros n'a jamais pu être deviné.

Le navire Argo, lancé à la mer au pied du Taurus, qui est une des branches de la grande Chaîne du Caucase, partit donc du fond du golfe de la Cilicie, se fraya une route au travers les îles de Chypre et de

Crète, qui, probablement, n'existaient alors que par les pics de leurs montagnes, et trouvant toujours une mer libre, firent le tour de l'Asie Mineure, et entrèrent dans la mer Égée, vers le tems de la naissance de son Archipel.

Il arriva alors, au peuple du Caucase, ce qui est arrivé de nos jours aux nations Européennes, qui, imaginant un vaste continent Austral destiné à faire l'équilibre du Globe, ont envoyé de hardis navigateurs pour en faire le tour et augmenter, par leurs découvertes, la masse de nos connaissances. Le résultat des deux voyages a été le même; nous avons vu l'Archipel Austral prendre la place d'un continent imaginaire; et l'Hercule Oriental, le Cook de son siècle, prouva, à son retour au Caucase, qu'on pouvait faire le tour de l'Asie Mineure et du Péloponèse.

La navigation dans la mer Égée, qui commença, suivant nos principes, le grand voyage des Argonautes, est confirmée par un texte d'Onomacrite, qui fait d'abord côtoyer à ses héros les rives de la Magnésie et de la Macédoine.

L'Ile de Lemnos est à cette hauteur, Le même écrivain dit qu'une tempête y retint, pendant un mois, les Argonautes. Le pilote Typhis avait jugé, d'après une routine conjecturale, que des vents impétueux, qui commencent à souffler le quatrième de la lune, ne doivent s'appaiser qu'au bout de trente jours. Cette erreur, toute absurde qu'elle est, nous prouve que même au berceau de la navigation, on commençait à calculer les influences du Satellite de la terre sur la durée des vents, sur le phénomène des marées, et sur d'autres objets de l'Astronomie nautique.

Hercule, avant d'aborder dans la Troade, relâcha dans une île Electride, qu'on ne trouve plus aujourd'hui : si Onomacrite n'a pas travaillé sur des mémoires infidèles, il faut

faut supposer que, cédant à l'effort de la mer qui pesait sur ses rivages, ou peut-être déchirée par les secousses d'un tremblement de terre, elle aura eu le sort de l'Atlantide.

Les géants, que les Argonautes eurent à combattre dans la Propontide, tiennent au voyage de l'Hercule Oriental : nous avons vu qu'à cette époque les hommes plus voisins de la Nature devaient, par leur taille colossale, par l'énergie de leurs organes, et même par la vigueur de leur intelligence, l'emporter sur la race dégénérée et vaine, qui s'amuse aujourd'hui à mettre leur existence au rang des problêmes.

C'est en entrant dans le Pont-Euxin, que le vaisseau d'Hercule éprouva les plus grands dangers; le peu de largeur du Détroit, la barrière que les isles Cyanées opposaient à la navigation, les tempêtes fréquentes dans ces parages, tout semblait fait pour le décourager. L'Auteur de la Tragédie Romaine de Médée, fait allusion à ces anxiétés des premiers Argonautes, dans des vers pleins de force, quoique tenant un peu du génie déclamateur du poëte.

« Le vaisseau des Argonautes a franchi
» les barrières qui séparaient les mondes ;
» il a fait blanchir la mer sous les coups
» des avirons, et a augmenté nos terreurs,
» en joignant aux dangers de la terre que
» nous foulons, ceux d'un autre élément.
» Mais il en a été assez puni par les fatigues
» et les angoises de la plus périlleuse des
» navigations. Quelles furent ses allarmes,
» quand il s'élança entre les isles Cyanées,
» qu'il les vit ébranlées comme par les
» éclats du tonnerre, et que la mer se par-
» tageant en montagnes humides, semblait
» réunir ses flots avec les nuages ! Typhis
» en pâlit d'effroi, et sa main chancelante
» abandonna le gouvernail ; Orphée fit taire
» les cordes de sa lyre, et le navire lui-
» même cessa de rendre des oracles. »

Hercule, jetté au milieu du Pont-Euxin, trouva une mer libre, jusqu'à une isle d'Arès, dont les oiseaux, suivant les Poëtes, lançaient leurs plumes contre les Argonautes. Diodore, plus proche que nous, de dix-sept siècles, de la tradition antique sur laquelle est fondée ce conte Oriental, prétend qu'il ne s'agit ici que des flèches emplumées dont les insulaires accablèrent les compagnons d'Hercule. Cette isle d'Arès a eu le sort de l'isle Electride, et elle n'existe plus.

L'expédition d'Hercule dans la Colchide, bornée, comme nous l'avons vu, au pillage de quelques trésors amoncelés par des pirates, n'était probablement qu'un prétexte pour faire des découvertes; aussi le navire Argo, au lieu de cingler droit au pied du Caucase, dont il était parti, prit une autre route, dont le succès seul pouvait justifier l'audace.

Ici la tradition Orientale se partage, et les Ecrivains que nous prenons pour guides font errer, de quatre côtés différens, le vaisseau d'Hercule.

Telle est la fécondité de notre grand principe sur la Géographie du Monde Primitif, que la manière dont le Globe était dessiné à cette époque, rend vraisemblables les quatre routes différentes, par lesquelles Hercule, après sa navigation sur le Pont-Euxin, revint au pied du Caucase. Comme il pourrait se faire que réellement les quatre voyages eussent été exécutés, à divers époques, par des héros que l'antiquité honorait également du nom d'Hercule, nous allons tracer la route des Argonautes, suivant les quatre relations, réservant pour la dernière celle d'Onomacrite, qui se concilie le mieux, soit avec la raison, soit avec le caractère du premier des Hercules.

Hécatée de Milet, Historien de poids, que nous connaissons par les analyses de Strabon le Géographe, fait remonter le Phase aux Argonautes, les conduit dans cette partie de l'Océan Oriental, qui, par la retraite graduée des eaux, est devenue le petit lac de la mer Caspienne, et après leur avoir fait côtoyer l'Egypte, les ramène par la mer de Toscane, dans le Péloponèse.

L'inspection de notre Carte Philosophique du Monde Primitif, suffit pour justifier cette partie du Périple d'Hercule.

Il fut un tems où la mer Caspienne communiquait, soit par le Phase, soit par le Tanaïs, au Pont-Euxin.

La jonction par le Tanaïs n'est plus un problême, depuis que les Russes ont soumis aux lumières des Géographes, cette partie de leur vaste Empire ; on sait maintenant que ce fleuve, dont l'embouchure forme le fond du grand Golfe Oriental de l'Euxin, s'approche à la simple distance de 18 milles, du Volga, qui se décharge dans la mer Caspienne. Les deux fleuves occupent aujourd'hui le lit de l'antique canal qui unissait les deux Méditerranées ; et le peu d'élévation des terres, vers ces limites de l'Europe et de l'Asie, donne à cette conjecture heureuse le sceau de l'évidence.

La jonction par le Phase semble un peu plus difficile, à cause de la Chaîne du Caucase, espèce de barrière que la Nature semble avoir placée dans la contrée intermédiaire, pour empêcher les deux bassins de se confondre ; mais on sait aussi que les gorges de cette montagne primitive ouvrent un passage aux fleuves; l'Euphrate la perce près du défilé, connu sous le nom de Pas de Nushar; le Terki en fait autant au Détroit de Tatar-Topa ; et l'analogie seule suffirait pour empêcher de mettre la jonction des deux mers, par le Phase, au rang des paradoxes.

Je me hâte d'arriver aux preuves directes de l'opinion d'Hécatée de Milet. Le Phase, ainsi que les mers, a subi de grandes révolutions ; ce fleuve, que de petits navires osent à peine remonter vers son embouchure, portait au siècle de Pline, des vaisseaux de guerre à quarante milles au dessus du Pont-Euxin, et par conséquent, au tems de l'Hercule Oriental, pouvait inonder, de ses eaux surabondantes, la partie la moins élevée de la Colchide, de l'Ibérie et de l'Albanie, qui séparent le Pont-Euxin de la mer Caspienne. Pour comble de justesse, il se trouve que le Phase coule à très-peu de distance du Cyrus, qui se jette dans la Miditerranée de l'Asie; ainsi la chaîne du Caucase n'a pu empêcher, à cette hauteur, la navigation des premiers Argonautes.

Toutes les contrées qui séparent la mer Caspienne, du Pont-Euxin, conservaient des monumens de ce grand voyage autour du monde. On voyait, sur les bords du Phase, une ville de Tyndaris, bâtie par Castor et Pollux. Les Albaniens conservaient le traité d'alliance fait dans ces premiers âges, avec le chef des Argonautes. Armenos, un des Capitaines sous les ordres d'Hercule, se sépara de lui, après avoir remonté le Phase à une certaine distance, et alla fonder le Royaume d'Arménie.

La suite du récit d'Hécatée est justifiée par notre Carte du Monde Primitif; on voit la route d'Hercule, depuis la partie Méridionale de la mer Caspienne, en suivant le Golphe Persique, jusqu'à la mer Érythrée, que nous nommons mer des Indes. Le navire, peu exercé à se hasarder dans la haute mer, côtoya l'Arabie, entra dans la mer Rouge, longea l'Egypte, qui était alors presque toute entière sous les eaux, et arrivé à Suez, dont la retraite des mers n'avait pas encore fait un Isthme, se trouva dans la Méditerranée, vis-à-vis le Golphe Adriatique, qui, quand on voit le Globe en grand, ne paraît qu'une prolongation de la mer Rouge. Les Argonautes, après avoir fait ainsi le tour du Continent de l'Asie, rentrèrent dans le Péloponèse, et vinrent faire part de leurs découvertes à leurs concitoyens du Caucase.

La seconde relation est d'Apollonius de Rhodes, et quoiqu'elle trace la route la plus courte, elle semble la moins vraisemblable des quatre. Suivant ce Poëte, les Argonautes, au sortir de la Colchide, entrèrent dans une des bouches du Danube, et remontèrent ce fleuve presque jusqu'à sa source. Quand ils virent que le peu de profondeur des eaux faisait échouer toute l'expérience de leur pilote, ils prirent le parti de tirer leur vaisseau sur le rivage, et de le porter, au travers d'une vaste Chaîne de montagnes, jusqu'au Golphe Adriatique.

Il y a dans ce récit une absurdité à dévorer; qu'un sauvage du Groënland porte, de glaçons en glaçons, un petit canot formé d'écorces d'arbres, où il ne peut tenir que dans la posture la plus gênante, c'est un fait historique qu'il est difficile de contester; mais que des hommes, qui n'ont pas la taille de Polyphême, ou de l'Ange de Mahomet, portent sur leurs épaules, au travers des rochers et des précipices, un navire construit suivant les règles de l'art, et qui peut contenir cinquante-quatre guerriers, sans compter les femmes et les esclaves, c'est un de ces contes, qu'il faut mettre avec celui de Micromégas qui, après avoir voyagé de planète en planète, se trouvant sur la terre, mit sur son ongle un vaisseau de guerre qui renfermait des Astronomes.

Les difficultés ne sont pas encore épuisées dans la relation d'Apollonius. Les Argonautes, dit ce Poëte, rentrés dans le Golphe Adriatique, allèrent reconnaître l'isle Electride, qui se trouve à l'embouchure de l'Eridan. Or il paraît par le voyage d'Onomacrite, qui a un peu plus d'authenticité, que l'isle Electride était située vis-à-vis la Troade; tout m'indique qu'Apollonius était à-la-fois mauvais Poëte, mauvais Historien, et mauvais Géographe.

Après divers aventures dans les mers d'Italie, les Argonautes sont jettés, par une tempête dans *les* Syrtes de l'Afrique. Voyant que la quille de leur vaisseau était à peine mouillée, ils ont recours au même expédient qu'ils avaient imaginé aux sources du Danube, et ils portent leur navire, pendant douze jours et autant de nuits, jusqu'au lac Tritonide, où ils le remettent à flot : l'idée de ce navire, alternativement portant et porté, peut faire sourire des Poëtes, mais ne doit guère trouver grace aux yeux des Philosophes.

Il y a cependant un moyen de concilier avec la raison le récit étrange d'Apollonius : toute cette partie de l'Europe qui s'étend, dans l'espace de dix degrés, depuis le Pont-Euxin jusqu'à la mer d'Italie, n'est point un pays élevé ; on n'y distingue que la Chaîne de montagnes, qui sert de lisière au Golphe Adriatique, et qui s'ouvre encore en plusieurs endroits pour laisser passer les fleuves ; il est hors de doute qu'à l'époque reculée, dont l'histoire nous occupe, ces vastes régions étaient sous les eaux ; alors la navigation de l'Hercule Oriental se fit tout naturellement par le canal de communication que la nature avait tracé entre le Pont-Euxin et les mers d'Italie.

Apollonius a réellement travaillé d'après cette tradition antique ; mais trop peu Philosophe pour suivre la marche de la nature dans les révolutions successives du Globe, il crut la Géographie immuable ; et, pour accorder le voyage des Argonautes avec les idées que son siècle avait de la surface de l'Europe, il supposa que ces héros avaient remonté le Danube jusqu'auprès de sa source, et de là porté leur vaisseau au travers de la Chaîne de montagnes, qui servait de barrière entre le fleuve et les mers d'Italie ; ce Poëte pensait par là réconcilier avec la raison l'expédition d'Hercule : il ne voyait pas qu'en donnant ses idées étroites et pusillanimes aux contemporains des Argonautes, il dénaturait tous les monumens des âges Primitifs.

Cette observation philosophique doit s'appliquer à la suite du récit d'Apollonius. Son Hercule fut jetté par la tempête sur les Syrtes d'Afrique : mais il ne fut point obligé de porter son vaisseau douze jours et douze nuits, pour le remettre à flot dans le lac Tritonide. A l'époque de ce voyage mémorable, toute la partie Septentrionale de l'Afrique, jusqu'à la Chaîne de l'Atlas, était sous les eaux : seulement la navigation en était difficile, à cause des écueils et des Archipels qui s'élevaient de tous côtés dans ces parages; les Argonautes ne trouvèrent une mer libre qu'à la hauteur du lac Tritonide, monument de la retraite de la Méditerranée dans un âge intermédiaire, et qui aujourd'hui n'existe plus.

Apollonius conduit son héros, encore chargé du fardeau de son navire, au jardin des Hespérides, afin d'avoir occasion de déployer, dans la description de ce lieu enchanté, toutes les richesses d'une imagination Orientale, la construction de ce jardin est évidemment d'une date postérieure au premier Hercule. On le voit à l'Orient de la grande Syrte, dans la plaine de sables qui règne entre l'Atlas et la ville de Bérénice. Hercule ne devait en être qu'à une légère distance, quand la tempête le jetta sur les bas fonds de cette côte. Le Poëte ajoute que les Argonautes, revenant dans la Méditérranée, se trouvèrent vis-à-vis de la Crète, et en effet cette isle est en regard dans notre Carte du Monde Primitif, avec le jardin des Hespérides.

Les Argonautes d'Apollonius terminèrent là leur Odyssée, et rentrèrent dans la mer du Péloponèse.

L'historien Timée, plus hardi qu'Apollonius, mérite cependant plus d'attention, parce qu'il n'a pas gâté, sur les plans d'un monde moderne, la géographie du Monde Primitif.

« Plusieurs Historiens, tant anciens que

» modernes, entre lesquels Timée tient le
» premier rang, ont dit qu'après l'enlève-
» ment de la Toison d'Or, les Argonautes
» apprenant qu'Aëtes tenait l'embouchure
» du Pont-Euxin, fermée par sa flotte, firent
» un voyage mémorable : car remontant
» jusqu'aux sources du Tanaïs, en trai-
» nant leur vaisseau pendant une assez
» longue route, ils se rembarquèrent sur
» un autre fleuve qui se déchargeait dans
» l'Océan : laissant toujours le Continent à
» gauche, ils continuèrent leur navigation,
» du Nord au Couchant, et enfin arrivés près
» de Cadix, ils passèrent de l'Océan dans la
» Méditerranée. Il y a des monumens de ce
» voyage mémorable ; on voit le long de
» la mer des Celtes, plusieurs rivages qui
» portent le nom des Argonautes ; on ren-
» contre particulièrement sur la côte de
» Cadix, des traces évidentes de leur pas-
» sage. Suivant les mêmes Historiens, ces
» guerriers renommés, traversant la mer de

» Toscane, abordèrent dans une isle Æthalie (on la croit l'isle d'Elbe), qu'ils ap-
» pellèrent Argos, du nom de leur vaisseau,
» et ce nom s'est conservé jusqu'au siècle
» des Césars; ils ont aussi donné celui de
» Télamon à un port de l'Etrurie, qui n'est
» éloigné de Rome que de huit cents stades :
» ils ajoutent que les vents ayant jetté les
» Argonautes dans les Syrtes de l'Afrique,
» ils apprirent de Triton, Roi de cette con-
» trée, des détails importans sur la naviga-
» tion de ces parages, et qu'en reconnais-
» sance ils lui firent présent d'un trépied
» d'airain, sur lequel d'antiques caractères
» étaient tracés. Ce monument s'est con-
» servé jusqu'à nos jours chez les Hespé-
» rides. »

La première partie de la relation de Timée se concilie d'une manière si heureuse, soit avec le récit d'Onomacrite, soit avec les monumens des âges primitifs, empreints sur toute la surface du Globe, qu'elle me semble

semble à l'abri de toutes les atteintes du scepticisme.

Toute l'antiquité dépose que la mer Caspienne communiquait, dans les tems antérieurs, à l'Océan Septentrional, que nous nommons aujourd'hui mer Glaciale ; et comme cette Méditerranée de l'Asie était unie de son côté à celle de l'Europe par les Palus Méotides et le Pont-Euxin, il est évident que Timée n'en a point imposé aux siècles, quand, au sortir de la Colchide, il a conduit vers la mer qui baigne le Pôle du Nord, le vaisseau des Argonautes.

La jonction de la mer Caspienne à l'Océan Septentrional, se prouve, d'abord, par un fait dont Strabon, l'interprète de l'antiquité, est le garant. Il assure qu'à une époque très-reculée, l'Araxe, fleuve célèbre qui prend sa source dans les montagnes de l'Arménie, se divisait en quarante branches, dont trente-neuf se déchargeaient dans l'Océan Septentrional, et l'autre avait son embouchure dans la mer Caspienne. Quelque reculée que soit l'époque de Strabon, elle est postérieure encore au tems où l'Araxe, le Phase et le Tanaïs n'existaient pas encore. Le même Océan coupait en divers sens l'Asie et l'Europe, prenant, suivant les régions qu'il traversait, les noms de mer Septentrionale, de Pont-Euxin, ou de mer Caspienne.

Ce premier âge qui touche au berceau du Globe, a été pressenti par les Historiens du siècle d'Auguste; deux des plus célèbres ont avancé que la mer Caspienne, que nous avons vu unie au Pont-Euxin, se déchargeait par un Détroit dans l'Océan qui baigne le Pôle du Nord. D'après ce grand trait de lumière, suivons les Argonautes de Timée, dans leur voyage autour du l'Europe.

No re Carte Philosophique du Monde Primitif, indique, au sortir du Pont-Euxin, deux bras de mer qui conduisent à l'Océan Septentrional, l'un au Nord-Est et l'autre au Nord-Ouest. Le dernier fut parcouru par les Argonautes de Timée, et le premier par ceux d'Onomacrite.

Timée dit expressément que le *navire Argo, arrivé à l'Océan Septentrional, laissa toujours le Continent à gauche, et continua sa navigation, du Nord au Couchant.* Ainsi les guerriers qu'il portait, trouvèrent une mer libre jusqu'à notre lac Onéga, qui n'est qu'une prolongation de la mer Blanche : de là ils s'élevèrent à la hauteur d'Archangel, firent le tour de la Laponie qui, à cette époque, ne s'étendait pas au-delà du Cercle Polaire, côtoyèrent notre Norwége, et pénétrèrent dans l'Océan Occidental, en laissant à leur droite cette Angleterre, qui ne fut connue que longtems après, sous le nom des isles Cassitérides. On se doute bien qu'alors le petit Détroit que nous nommons le Pas-de-Calais, était une mer immense qui couvrait de ses flots la Hollande, la Normandie et la Bretagne.

Les Argonautes de Timée achevèrent leur voyage, comme le font tous les jours nos Cook et nos Anson ; ils suivirent l'Océan Occidental vis à vis les côtes de France, d'Espagne et de Portugal, et rentrèrent dans la Méditerranée par ces fameuses Colonnes d'Hercule, que nous nommons aujourd'hui le Détroit de Gibraltar. Ils ne retournèrent ainsi dans leur patrie, qu'après avoir fait exactement le tour de l'Europe, qui était un monde nouveau pour le peuple du Caucase.

La relation de Timée est un des monumens les plus précieux de l'antiquité, à cause des lumières qu'elle nous donne sur la théorie du Globe Primitif ; dès qu'on suppose qu'au siècle de l'Hercule Oriental, un vaisseau partant des Palus Méotides, qui ne sont qu'une prolongation du Pont-Euxin, put, en suivant la direction du Tanaïs, pénétrer dans la mer Septentrionale, il s'ensuit qu'il fut un tems où l'Europe entière formait un Continent isolé au sein des mers, ce qui facilitait prodigieusement le commerce sur toute la surface du Globe, aux peuples indigènes du Caucase. Ce résultat conduit à un autre non moins important ; c'est qu'à l'époque des premiers Argonautes, on pouvait aller de la mer du Nord à celle du Sud, par les mers Septentrionales, passage aujourd'hui fermé par la prolongation des terres, et que les Navigateurs de toutes les Puissances cherchent depuis un siècle, mais en vain parce que la nature, qui tend sans cesse à réunir les Continens, ne dérange pas l'ordonnance sublime de ses plans, pour satisfaire quelques Armateurs qui veulent abréger leur voyage dans les Indes, ou quelques Géographes qui désireraient concilier leurs Cartes avec les anciennes Mappemondes.

Terminons cette disgression sur les voyages maritimes que les hommes Primitifs ont pu exécuter à diverses époques, pour reconnaître toute l'étendue de leur Empire; terminons-là, dis-je, par la suite du vrai

Périple de l'Hercule Oriental, tel qu'il nous a été transmis par Onomacrite.

Pour bien entendre ce voyage mémorable, il ne faut pas perdre de vue la manière dont le Globe était dessiné dans cet âge Primitif; alors il n'y avait point d'Archipel Austral, l'Amérique n'existait que par la Chaîne des Cordilières, et le reste de la terre était divisé en quatre grands Continens, dont un tableau rapide va exposer les limites, aujourd'hui dérangées par la retraite successive de l'Océan, qui a gagné en profondeur ce qu'il perdait en surface.

Le premier et le plus ancien de ces Continens, était la partie Occidentale de l'Asie, où se trouvait la Syrie, la Phénicie, l'Arabie et l'Empire Assyrien ; la charpente de cette grande isle était formée par la Chaîne même du Caucase. L'Océan qui l'enveloppait s'appelle, dans notre géographie moderne, Mer Caspienne, Golfe Persique,

Mer des Indes, Mer Rouge, Méditerranée et Pont-Euxin.

La partie Orientale de l'Asie, connue des Anciens sous le nom d'Asie, au-delà du Taurus, formait un autre Continent; son rivage Occidental était bordé par la Scythie; l'Inde mutilée deux fois à la naissance de ses Péninsules, le terminait au Midi; le vaste Empire de la Chine lui servait de limites à l'Orient, et le côté du Nord avait pour barrières, contre le poids des mers, le fameux Plateau de la Tartarie.

Avant la formation de ce second continent, s'était élevée la grande isle de l'Afrique; car l'isthme de Suez n'a pas toujours existé, et il fut un tems où les flots de la Méditerranée se confondaient avec ceux de la Mer Rouge.

Le plus moderne des Continens est celui de l'Europe. Lorsque les grands Empires du Globe commencèrent à se former, la bande de terre qui s'étend d'Archangel à la Mer

Caspienne, était sous les eaux, et le reste de ces vastes régions, qui appartiennent aujourd'hui à la Russie, coupé une seconde fois à l'Orient par une nouvelle prolongation de l'Océan Septentrional, composait seul une isle plus grande que la moitié de l'Europe.

La surface du monde ancien, ainsi dessinée, suivons dans leur navigation audacieuse les Argonautes Primitifs.

« Quand le navire Argo, dit Onomacrite,
» sortit du Phase pour rentrer dans le Pont-
» Euxin, il erra au milieu des brumes, le
» long des côtes de l'Asie, jusqu'au Palus-
» Méotides; de-là les vents le portèrent dans
» un Détroit, qu'il fut neuf jours à tra-
» verser, ensuite il se trouva dans l'Océan
» Septentrional. »

Il semble que cette partie de la relation d'Onomacrite ait été tracée sur notre Mappemonde.

On voit qu'Hercule, au sortir de la Colchide, dut voguer vers le Nord, en côtoyant les terres, à cause des brumes, jusqu'à la hauteur de la Chersonèse Taurique; là, au lieu de doubler le Promontoire, il se laissa conduire par le courant dans le Détroit Cimmérien, qui le porta tout le long des Palus Méotides.

Notre géographie moderne indique le Tanaïs formant l'extrémité du bassin des Palus Méotides. Mais dans les âges primitifs dont l'histoire nous occupe, le lit du fleuve était occupé par un canal qui faisait communiquer, par l'Est de l'Asie, l'Océan Septentrional à la Mer Caspienne. Ce canal est le Détroit d'Onomacrite.

Le Poëte dit que les Argonautes furent neuf jours à traverser ce Détroit. En effet, il y a plus de douze degrés, ou de trois cents lieues, entre cette partie de la Sarmatie, où le Tanaïs se jette dans le Pont-Euxin et les régions Asiatiques où l'on peut placer le confluent des mers Caspienne et Glaciale. La Chaîne du Mont-Immaüs, qui se prolonge sous la mer, n'étant découverte que par ses cimes les plus élevées, les écueils et les bas fonds qui en résultaient ne durent opposer qu'un faible obstacle à un navire, dont la quille prenait aussi peu d'eau que celui des Argonautes; et enfin, nos héros arrivèrent dans l'Océan Septentrional.

L'Océan Septentrional, connu aussi des anciens sous le nom de Mer de Saturne, est assez pacifique, sur-tout dans la saison où il est navigable. Les calmes y sont très-fréquens, mais beaucoup moins dangereux que ceux qu'on éprouve sous la Zône Torride. Onomacrite dit que les Argonautes furent contraints de traîner eux-mêmes leur navire le long du rivage; ce qui est beaucoup plus naturel que de le porter sur ses épaules, à moins que ces épaules ne soient accoutumées à porter le ciel, comme on le dit d'Hercule, dans les mille et une nuits de l'ancienne Mythologie.

Les Argonautes, ajoute Onomacrite,

prirent à gauche, en traînant leur vaisseau le long de cette mer pacifique; ainsi ils s'élevèrent vers le Nord, en côtoyant la grande isle de l'ancienne Scythie, détachée alors du Continent de l'Europe.

La Macrobie s'offrit d'abord à l'admiration de nos hardis navigateurs. Cette région fortunée, le Paradis terrestre du Globe, était habitée par des Socrates pratiques, vivant sans desirs et presque sans besoins, se nourrissant du parfum des aromates et de la rosée d'ambrosie : jouissant en paix d'une nature qui ne cessait de leur sourire, et n'attendant qu'au bout de mille ans, cette mort du juste, qu'un de nos Sages appelle le soir d'un beau jour.

C'est d'après ce tableau original, transmis par Onomacrite, que les Grecs imaginèrent leurs Champs Élysées; et ils choisirent à cet effet un site non moins heureux que la Macrobie : c'est un des jardins éternels de l'Italie. Le voyageur qui s'y endort sous un ciel serein, voudrait ne jamais se reveiller.

Pour revenir aux Macrobiens d'Onomacrite, ces Scythes dûrent être une Colonie de ces fameux Tartares Primitifs, que toutes les traditions antiques s'accordent à regarder comme les instituteurs des hommes.

En effet, en jettant un coup d'œil sur la Carte du Monde Primitif, on découvre que cette partie de l'isle de la Scythie où s'arrêta l'Hercule Oriental, est précisément en face du Plateau de la Tartarie. Pour comble de justesse, on voit partir des deux extrémités de ce Plateau, deux Chaînes du Mont-Immaüs qui traversent l'Océan, et vont aboutir au Continent Scythe ; les cimes de la double Chaîne de montagnes formaient, à cette époque, autant d'isles qui serviraient de relâche aux navigateurs Atlantes, quand la Colonie voulait commercer avec la Métropole.

L'Orient a conservé des traces de ces émigrations. Les Skrelingres de la Scythie, sont évidemment issus des Skrelingres qui habitaient non loin de la fameuse Babylone des Atlantes; mais ils étaient déjà dégénérés, quand l'histoire s'est occupée de leurs annales; on fait descendre des Skrelingres Scythes, une race abâtardie portant le même nom, qui, dans nos tems modernes, pénétra au-delà du Cercle Polaire, et retarda de plusieurs siècles l'établissement des Colonies Danoises en Norwége.

L'historien des Argonautes passe, sans récit intermédiaire, de la description de la Macrobie à celle du pays des Cimmériens; mais il y a un trajet immense de l'une à l'autre région; il est probable que le défaut d'évènemens mémorables, fut la cause du silence d'Onomacrite.

Il est impossible, au portrait de ces Cimmériens, *que l'absence du soleil condamne à des ténèbres éternelles*, de ne pas reconnaître ces peuples, situés au-delà du Cercle

Polaire, qui ont une nuit de trois mois, éclairée à peine d'intervalle à intervalle par des Aurores Boréales. L'Hercule Oriental arriva dans ces contrées vers la saison de la nuit, et plusieurs révolutions de vingt-quatre heures s'étant passées, sans qu'il vît le moindre rayon de l'astre de la lumière, il sembla autorisé à croire que le pays des Cimmériens était condamné à des ténèbres éternelles. Les navigateurs du moyen âge, se sont fait quelquefois pardonner, en ce genre, des erreurs bien plus absurdes, quoique leurs connaissances nautiques leur donnâssent droit à bien moins d'indulgence.

Les Argonautes arrivés au séjour de la nuit, et persuadés qu'ils touchaient aux limites du monde, dûrent revenir sur leurs pas, et descendre jusques vers le soixante-quinzième degré de Longitude, et le quarante-huitième de Latitude, au point de réunion des deux bras de l'Océan Septentrional et de la mer Caspienne : là, au rapport d'Onomacrite, le pilote du navire Argo rassura les compagnons d'Hercule, et leur dit que les mers qui leur restaient à parcourir lui étaient connues. En effet, nous avons vu dans l'histoire de la filiation des Peuples Primitifs, que les nation du Caucase avaient envoyé des Colonies par le Taurus et par l'Atlas, soit au Continent Oriental de l'Asie, soit en Afrique ; ainsi, toutes les parties de l'Océan qui baignaient ces deux mondes, devaient entrer dans l'Empire de leurs navigateurs.

Les merveilles diminuent toujours, à mesure que les connoissances augmentent. Hercule qui avait parcouru plusieurs fois les mers de l'Asie et de l'Afrique, n'y trouva point, comme aux Mers du Pôle, tous ces spectacles extraordinaires, faits pour amuser l'imagination des siècles ; aussi règne-t-il, à cet égard, la plus grande stérilité dans la relation d'Onomacrite.

L'isle de Jernes, où une tempête jetta les

Argonautes, est inconnue à nos Géographes; il est probable que c'était la cime de quelques montagnes qui s'élevaient sur la mer, à l'Orient de la Médie ou de la Chaldée, et qui s'étendant en surface à mesure que les flots s'abaissaient, devint dans la suite un Isthme par lequel le Golfe Persique fut séparé de la Mer Caspienne.

L'isle Penceste où abordèrent ensuite les Argonautes, serait encore plus difficile à retrouver que celle de Jernes, si on ne la connaissait que par le Roman Poëtique de l'enlèvement de Proserpine; mais la suite du texte d'Onomacrite fait entendre qu'elle se trouvait à l'entrée de l'Océan Atlantique; ainsi tout porte à croire qu'elle était dans la mer Erythrée, au devant de l'Arabie Heureuse, et à peu de distance de l'isle Sacrée et de l'isle Panchaye. On la trouve sans nom, dans notre Carte du Monde Primitif.

Cette Mer Atlantique que l'on voit parcourir

courir à l'Hercule Oriental, au sortir de l'isle consacrée à Proserpine, n'est point indifférente à l'Historien Philosophe.

Le terme de Mer Atlantique vient évidemment de la grande Chaîne des monts Atlas qui se prolonge des confins du Détroit de Gibraltar jusqu'à la Mer-Rouge; nous en donnons aujourd'hui exclusivement le nom à cette partie de l'Océan qui s'étend depuis la mer de Portugal jusqu'aux Canaries. Mais les Anciens, bien meilleurs Géographes, parce qu'ils avaient des traditions écrites qui touchaient à l'enfance du Globe, entendaient par l'Océan Atlantique, presque toutes les mers qui baignent le Continent de l'Afrique, et sur-tout la Mer-Rouge, la Mer Erythrée et toutes celles qui enveloppent la partie Méridionale de l'Afrique jusqu'au Détroit de Gibraltar.

Cette dénomination était d'autant plus heureuse, qu'à la naissance des grands Empires du Globe, les deux tiers du Continent de l'Afrique, et sur-tout la partie Méridionale, depuis l'Équateur jusqu'à l'extrémité du Cap de Bonne Espérance, étant sous les eaux, l'Afrique semblait bornée à peu près à l'isle que formait la Chaîne de l'Atlas, et qu'alors, il n'y a plus d'absurdité à donner le même nom d'Atlantique à tout l'Océan qui l'environne.

Mais puisque la mer Erythrée, la Mer-Rouge et l'Océan Méridional, s'appellaient également Atlantiques, au siècle des premiers Argonautes, quelle route a pu suivre l'Hercule Oriental, dans le Périple d'Onomacrite ?

Il est évident d'abord, que nos navigateurs ne tournèrent pas à l'Orient de la mer Erythrée, ou du côté du Golphe du Gange ; car là se perd le nom d'Océan Atlantique, et le pilote du navire Argo ne se serait plus retrouvé dans les mers de sa connoissance.

Il est encore démontré qu'ils ne rentrèrent pas en Europe par la mer Rouge, puisque le Poëte Historien dit expressément qu'ils arrivèrent dans la Méditerranée par les Colonnes d'Hercule, qui sont notre Détroit de Gibraltar.

Le navire Argo fit donc le tour de l'Afrique, et ce trajet, si effrayant de nos jours, ne l'était point à cette époque ; nous venons de voir que toute la partie Méridionale de ce Continent, depuis la Ligne, était couverte par la mer ; ainsi, on peut réduire à moins de douze cents lieues, l'intervalle de trois milles qu'on compte aujourd'hui, de l'Arabie Heureuse au Détroit de Gibraltar.

Onomacrite raconte que les Argonautes, jettés dans l'Océan Atlantique, y trouvèrent une grande quantité d'isles et d'écueils, qui gênaient leur navigation. C'est une suite naturelle de l'hypothèse qui fait voguer les compagnons d'Hercule au-dessus de l'Afrique Méridionale ; il est tout simple qu'une mer qui se retire, pour aggrandir un Continent, soit très peu profonde. Les pics des rochers qui s'élèvent lentement au-dessus des eaux, sont ces écueils dont la mer est hérissée ; les éminences en Plateaux sont les isles ; ainsi, la navigation ne se trouva gênée, dans ces parages, que par la formation des montagnes, soit convexes, soit pyramidales.

La dernière isle de l'Océan, que les Argonautes rencontrèrent sur leur route, est celle de Circé ; il ne faut point s'amuser à en chercher la position ; une magicienne qui dispose des élémens, qui a des génies Aériens à ses ordres, qui intervertit à son gré les loix de la nature, n'a aucun rôle à jouer dans une histoire des hommes. On sent que la même baguette qui lui a fait changer les palais en déserts, peut transporter une isle, de la Méditerranée dans la mer des Indes, et du Pôle à la Zône Torride.

Enfin, dit Onomacrite, après beaucoup de traverses et de dangers, les Argonautes arrivèrent aux Colonnes d'Hercule, et entrèrent dans la Méditerranée ; ce qui leur

VUE DES ÉCUEILS DE SCYLLA.

aurait été impossible en sortant des mers de l'Asie, s'ils n'avaient fait le tour du Continent de l'Afrique.

Le reste de la navigation de l'Hercule Oriental, jusqu'à son retour au pied du Caucase, ne mérite aucune analyse ; il y transforme, par exemple, en un abyme peuplé d'une meute aboyante et dévorante, ce petit écueil de Scylla, dont nous offrons une image fidelle, et qui n'est qu'un rocher coupé à pic, au pied duquel est un tournant, qu'évitent sans peine les plus petites nacelles, à moins qu'elles ne deviennent le jouet, à la fois des courans et des tempêtes.

Au reste, ces gouffres de Scylla et de Charybde, peints par Onomacrite, le combat de chant qu'il suppose à ses héros avec les Syrènes, ne sont qu'un jeu de l'imagination du poëte ; encore le copiste d'Orphée n'en est-il pas l'inventeur ; il a évidemment transcrit Homère, qui a été aussi le modèle de Virgile : car il a fallu un grand nombre de siècles, avant de croire qu'on pouvait faire un Poëme épique, sans traduire les fictions de l'Odyssée ou de l'Iliade.

Tel est ce fameux voyage de l'Hercule Oriental au tour du Globe ; quand on le dégage des fictions Poëtiques qui le défigurent, qu'on le concilie avec la tradition antique qui nous a été transmise par les Historiens, et sur-tout qu'on lui donne pour base la Géographie du Monde Primitif, il en résulte une sorte d'évidence philosophique qui a droit à notre créance, autant que les faits les moins contestés des âges postérieurs, tels que la bataille de Pharsale, où la conquête de la Perse par Alexandre. (a)

FIN DU TOME VI.

(a) Les notes de ce tome VI, sont renvoyées au volume suivant.

TABLE
DES CHAPITRES
DU TOME VI.

Pages

Du système ingénieux, qui place en Tartarie la métropole du genre humain.................... 2

Du Peuple Primitif du Caucase... 64

De la supériorité du Peuple Primitif........................ 91

De la Colonie des Atlantes établie sur les hauteurs de l'Afrique..... 114

Du Peuple antérieur qui a vivifié le Plateau de la Tartarie........ 125

De l'Atlantide. Fragment de Platon, sur cette Isle du Monde Primitif........................ 144

	Pages
Essai sur la solution du Problême de l'Atlantide	159
De quelques Isles célèbres du Monde Primitif	195
Des Navigations Mémorables exécutées dans le Monde Primitif	264

Fin de la Table des Chapitres.

www.ingramcontent.com/pod-product-compliance
Lightning Source LLC
Chambersburg PA
CBHW050420170426
43201CB00008B/476